U0933747

绍兴风华·历史文化普及精品读库

主编/杨立平　执行主编/朱文斌

越山长青水长白

蔡彦 著

广陵书社

图书在版编目（CIP）数据

越山长青水长白 ： 名山胜水 / 蔡彦著. -- 扬州 ：广陵书社， 2025. 4. -- (绍兴风华). -- ISBN 978-7-5554-2562-5

Ⅰ. K928.705.53

中国国家版本馆CIP数据核字第20250VA692号

书　　名	越山长青水长白：名山胜水	
著　　者	蔡　彦	
责任编辑	邹镇明	
助理编辑	刘　洪	
出版发行	广陵书社	
	扬州市四望亭路 2-4 号	邮编　225001
	(0514) 85228081（总编办）	85228088（发行部）
	http : //www.yzglpub.com	E-mail : yzglss@163.com
装帧设计	浙江越生文化创意有限公司	
印刷装订	绍兴市越生彩印有限公司	

开　　本	889 毫米 ×1194 毫米　1/32
印　　张	8.5
字　　数	160 千字
版　　次	2025 年 4 月第 1 版
印　　次	2025 年 4 月第 1 次印刷
标准书号	ISBN 978-7-5554-2562-5
定　　价	48.00 元

文化是观察世界的窗口，每一种文化都有其独特的符号、价值和历史。文化是理解自身的钥匙，我们的身份认同、思维方式、行为模式等，都深深打上了文化的烙印。文化更是纵览时空的明灯，它映射着我们来时的足迹，照亮了我们前行的道路。

绍兴是中华文明体系中一个极具辨识度的地域样本，早在近万年前的新石器时代早中期，嵊州小黄山就有於越先民繁衍生息。华夏文明的重要奠基人尧、舜、禹等，都在绍兴留下了大量的遗迹遗存和典故传说。有历史记载以来，绍兴境域和地名屡有递嬗，春秋时期为越国都城腹地，秦汉时期为会稽郡，隋唐时期称越州，南宋时取“绍奕世之宏休，兴百年之丕绪”之意改越州为绍兴，至今已沿用近千年。

绍兴地处长江三角洲南翼，神奇的北纬30°线把绍兴和世界诸多璀璨文明发源地联结在一起。绍兴有会稽山脉南北蜿蜒和浙东运河东西横贯，“从山阴道上行，山川自相映发，使人应接不暇”“千岩竞秀，万壑争流，草木蒙笼其上，若云兴霞蔚”。基于坐陆面海的独特地理环境，越地先民以山为骨为脊，以水为脉为魂，艰苦卓绝，锐意进取，创造出与自然风光交相辉映的壮丽人文景观。

越史数千年，可以说是一部跨越时空的文化史诗，它融合了地域特色、人文特质、时代特征，生动展现了绍兴人民孜孜不倦的热爱、追求与创造，其精神早已渗透进一代又一代绍兴人的血脉中。绍兴文化以先秦於越民族文化暨越国文化为辉煌起点，在与吴文化、楚文化等交流融合中，不断吐故纳新、丰富发展，逐渐形成了刚柔并济的独有特质，这在“鉴湖越台名士乡”彪炳史册的先贤身上得到充分展现：从大禹的公而忘私、治水定邦，到勾践的卧薪尝胆、发愤图强；从王充的求真务实、破除谶纬，到谢安的高卧东山、决胜千里；从陆游的壮志未酬、诗成万首，到王阳明的知行合一、“真三不朽”；从徐渭的狂狷奇绝、独照有明，到张岱的心怀故国、“私史无贰”；从秋瑾的豪迈任侠、大义昭昭，到蔡元培的兼容并包、开明开放；从周恩来“面壁十年图破壁”的凌云志，到鲁迅“我以我血荐轩辕”的“民族魂”，无不深刻展现着绍兴鲜明的文化品格。

“稽山何巍巍，浙江水汤汤。”世纪之初，时任浙江省委书记习近平同志敏锐感知文化对经济社会发展的独特作用，强调进一步发挥浙江的人文优势，把“加快建设文化大省”纳入“八八战略”总体布局。他曾多次亲临绍兴调研文化工作，对文化基因挖掘、文化阵地打造、文化设施建设、文化队伍提升、人文经济发展等方面作出重要指示，勉励绍兴为繁荣和发展社会主义文化事业作出新的贡献。习近平总书记还在多种场合反复讲到王充、陆游、王阳明、秋瑾、蔡元培、鲁迅等绍兴文化名人，征引诗文、阐发思想，其言谆谆、其意殷殷。这些年来，绍兴广大干部群众始终把习近平总书记的深情厚爱牢记于心、见效于行，努力把文化这个最深沉的动力充分激发出来，把这个绍兴最鲜明的特质充分彰显出来，把这个共富最靓丽的底色充分展示出来，不断以人文底蕴赋能经济发展，以经济发展助推文化繁荣，全力打造“人文经济学”的绍兴范例。这种人文、经济共荣共生的特质，正是这座千年古城穿越时空的独特魅力，也是阔步前行的深层动力。

2022年3月，为深入贯彻习近平总书记在哲学社会科学工作座谈会上的重要讲话精神，认真落实浙江文化研究工程实施十五周年座谈会精神，绍兴在全省率先启动“十四五”文化研究工程，对文化历史与现状展开全面、系统、有序的研究。一方面，借此挖掘和梳理绍兴历史文化资源，繁荣和丰富当代文化建设，规划和指导未来文化发展；另一方面，作为中华文化的重要组成，绍兴文化的当代研究是深入贯彻习近平文化思想的生动体现，对推动优秀传统文化保护传承具有重要意义。这是绍兴实施文化研究工程的初心和使命。

绍兴文化研究工程围绕“今、古、人、文”四个方面展开，出版系列丛书，打造浙江文化研究工程的“绍兴样板”。

在研究内容上，重点聚焦诗路文化、宋韵文化、运河文化、黄酒文化、戏曲文化等文化形态，挖掘绍兴历史文化底蕴；深入开展绍兴名人研究，解码名士之乡的文化基因；全面荟萃地方文献典籍，编纂出版《绍兴大典》，梳理绍兴千年文脉传承；系统展示古城精彩蝶变，解读人文经济绍兴实践。在研究力量上，通过建设特色研究平台、加强市内外院校与研究机构合作、公开邀约全国顶尖学者参与等方式，形成内外联动的整体合力，进一步提升研究层次和学术影响。

2023 年 9 月，习近平总书记再次亲临浙江考察，对浙江提出“要在建设中华民族现代文明上积极探索”的新要求，赋予绍兴“谱写新时代胆剑篇”的新使命。站在新的历史起点上，我们期待，通过深化绍兴文化研究工程，进一步擦亮历史文化名城和“东亚文化之都”的金名片；通过集结文化研究成果，进一步夯实赓续历史文脉、推进文化创造性转化和创新性发展的坚实根基。我们坚信，在习近平文化思想的指引下，坚持历史为根、文化为魂，必将能够更好扛起新的文化使命，打造更多中华民族现代文明建设的标志性成果，创造新时代绍兴文化新的高峰。

是为序。

中共绍兴市委书记 施惠芳

2024 年 8 月

杨立平

绍兴，一座拥有 2500 多年历史的文化名城，承载着厚重历史与璀璨文化，宛如一颗熠熠生辉的明珠，闪耀在江南大地。绍兴的历史源远流长，可追溯至新石器时代中期的小黄山文化。绍兴是古越文化的发祥地之一，其悠久的历史、杰出的人物和丰富的遗存，构成了独特而深厚的地域文化，成为中华民族文明史上一道亮丽的风景线。1982 年，绍兴入选国家首批历史文化名城。

绍兴，古称越州。南宋高宗赵构取“绍奕世之宏休，兴百年之丕绪”之意，于 1131 年改元绍兴，升越州为绍兴府，绍兴名称沿用至今。绍兴自古以来便是人文荟萃之地，这座文化底蕴深厚的城市孕育了无数杰出人物。从越王勾践的卧薪尝胆，到王羲之的书法流芳；从陆游的爱国情怀，到鲁迅的文学篇章；从王阳明的心学思想，到蔡元培的教育改革；还有大禹、范蠡、谢灵运、徐渭、徐锡麟、秋瑾、马寅初、竺可桢……无数历史名人在这里留下了光辉的足迹，他们的思想和成就如同星辰般璀璨，照亮了中华民族的历史天空，也为这座城市注入了独有的精神气质。这些宝贵的精神财富，不仅是绍兴的骄傲，更是整个中华民族和全人类的文化瑰宝。

绍兴，这座充满江南水乡风情的城市，以其丰富的自然景观和深厚的历史文化底蕴吸引着世人的目光，也陶醉了无数游客。以独特的崖壁、岩洞、石桥和湖面景观著称的东湖，拥有王羲之墓、鹅池、流觞亭等历史文化遗迹的兰亭，如丝如缕般倾泻而下、声如雷鸣般震撼人心的五泄瀑布，石窟造像栩栩如生、展现古代工匠精湛技艺的新昌大佛寺，集自然美景、历史文化和民俗风情于一体的柯岩，被列为古代九大名山之首、名胜古迹众多的会稽山，还有古镇名村、台门街巷、古桥庙宇等历史遗迹如珍珠般镶嵌在古城大地……走进绍兴，你可以感受到历史文化的厚重与庄严，同时也能欣赏到江南山水的灵秀与温婉。

绍兴地处吴越之间，曾是越国国都，深受越文化的影响。这种独特的地理位置和历史文化背景，为绍兴文学和艺术的发展提供了丰厚的土壤，孕育了陆游的爱国诗篇、谢灵运的山水诗作、鲁迅的批判现实主义作品，以及王羲之的书法、徐渭的绘画、王冕的墨梅，还有越剧、绍兴莲花落等。无论是文学作品中对家乡山水的热爱和对社会现实的深刻洞察，还是书法、绘画、戏曲等艺术形式中的独特风格和精湛技艺，都展现了绍兴的独特魅力和文化价值。

绍兴，这座历史文化名城，以其深厚的文化底蕴演绎着绍兴的故事和情感，更以其独特的风俗习惯和丰富多彩的特产闻名遐迩。除了“越语轻吟，古韵今风”的绍兴方言、“端午粽香，龙舟竞渡”的端午节、“真君庙会，祈福纳祥”的民间庙会外，还有“黄酒醇香，醉美绍兴”“青瓷如玉，越韵悠长”“臭豆腐香，味蕾奇遇”“香榧坚果，自然之馈”“龙井茶香，山水之间”等。绍兴地道的风俗特产，勾勒着绍兴人的生活智慧和独特的生活美学。在这里，你可以放慢脚步，细细品味那份独属于绍兴的人间烟火，让心灵在古老与现代的交织中得到真正的放松和滋养。

今天，我们从“知人”“识城”“赏艺”“品味”四大系列出发，编撰出版这套《绍兴风华·历史文化普及精品读库》（共16本），旨在系统地梳理和展示绍兴的悠久历史和丰富文化。通过通俗易懂的文字和精美的图片，串联起绍兴的历史变迁、文化传承、山水名胜、名人故事、世家文化、成语典故、戏曲曲艺、美术书法，以及物态文化等多个方面，力求为读者呈现一幅立体、全面、生动的绍兴历史文化画卷。

本套丛书具有以下特点：一是全面性，涵盖了绍兴历史文化的各个方面，力求展现绍兴文化的全貌；二是普及性，以简洁明了的语言讲述绍兴的历史文化，适合不同年龄段和文化层次的读者阅读；三是趣味性，通过讲述生动有趣的故事和传说，增加读者的阅读兴趣；四是权威性，丛书的编写依托于专业的研究和丰富的史料，确保内容的准确和可靠。我们相信，通过这套丛书的出版和传播，将有更多的人加入到绍兴历史文化的传承队伍中来，共同为弘扬中华优秀传统文化贡献自己的力量。

最后，我们要感谢所有为本套丛书编撰出版付出辛勤努力的专家和学者们，是你们的智慧和汗水，让这套丛书得以问世；是你们的热爱和执着，让绍兴的历史文化得以更好地传承和发展。我们希望这套丛书能够成为一扇窗口，让读者透过它领略绍兴历史文化的魅力；也希望它能够成为一座桥梁，连接起绍兴的过去与未来，传承和弘扬绍兴的优秀文化传统。让我们共同走进绍兴的历史文化世界，感受这座城市的独特韵味和深厚底蕴。让我们携手共进，为绍兴的历史文化事业谱写更加辉煌的篇章！

（作者系浙江省政府咨询委员、浙江传媒学院原党委书记）

引言

蔡彦

绍兴，这座历史悠久、文化底蕴深厚的历史文化名城，不仅以独特的名士文化、乌篷船风情和水乡古镇闻名遐迩，更拥有令人叹为观止的名山胜水。它们犹如一颗颗璀璨的明珠，镶嵌在这片古老而又充满活力的土地上，为当地的经济、社会发展注入了源源不断的动力。

从地理上看，绍兴坐拥得天独厚的山水资源。绍兴的地貌可以概括为“四山一盆两江一平原”，总体呈“南高北低”阶梯状。会稽山、覆卮山、天姥山、东白山，或雄伟壮观，或婉约秀丽，与天际线相互交融，构成了一幅幅大气磅礴、多姿多彩的自然景观。会稽山三十六源之水、曹娥江、浦阳江流贯南北，鉴湖、浙东运河穿越东西。由于发源于南部山区的河流，上游河短流急，每到梅雨季节，绍兴短时极易发生洪涝。相传4000多年前，大禹治水时曾到达茅山，汇集诸侯，计功行赏，更“茅山”曰“会稽”。大禹治水的故事在绍兴广为流传。

绍兴的山不仅具备视觉上的震撼，更蕴含着深厚的文化力量。自古以来，绍兴就是士大夫向往的目的地，他们在山水之间寻幽探胜，留下了无数的美文和故事。古代有“四渎”“五镇”“五岳”这些国家级祭祀山川的礼制，绍兴以南镇会稽山闻名，今已列入“古典中国五镇祭祀遗迹”联合申遗项目。天姥山层峦叠嶂，“连天向天横”。那巍峨的峰峦仿佛是大地的脊梁，直插云霄，向人们诉说着绍兴的过去、现在和未来。那些古老的寺庙、亭台楼阁，与山水融为一体。其中以新昌大佛寺最为著名，巨大的佛像坐落在山水之间，吸引着人们前来游赏。

而绍兴的水，更是这座城市的灵魂。从高空俯瞰，那纵横交错的河道如丝带般蜿蜒流淌，与错落有致的街巷相互交织，构成了一幅宛如水墨画般的景象。横跨在河道之上的石桥，仿佛时光守护者，见证着这座城市的沧桑变迁。鉴湖、白马湖、东白湖，则以其清澈的湖水和优美的自然风光而闻名。鉴湖是绍兴的母亲湖，它见证了绍兴的兴衰荣辱，也承载着绍兴人民的情感与记忆。如今，鉴湖已经成为绍兴的重要旅游景点之一。鉴湖周边的旅游业态也日益丰富，除了传统的游船观光外，还有水上运动、滑雪等项目，满足了不同游客的需求。美丽山水不仅为绍兴的旅游业带来了巨大的经济效益，也为绍兴的生态环境做出了贡献。

绍兴的山水宛如一条灵动的丝带，串联起了江南的山水与城市。在这里，唐诗宋词的风雅与山水的秀美相得益彰，铸就了一座座独具魅力的名城、名镇、名村。从古老的河道中缓缓流淌而过的，不仅是清澈的江水，更是千年的文化积淀。诗人李白、杜甫、王维等，被绍兴的山水所吸引，留下了一篇篇不朽的诗篇。“稽山罢雾郁嵯峨，镜水无风也自波。”会稽山的浩荡与鉴湖的静谧，在诗人的笔下浑然一体，展现出了大自然的神奇与美妙。“山重水复疑无路，柳暗花明又一村。”绍兴的山水，时而险峻，时而婉转，仿佛在诉说着人生的哲理，让诗人在游历之中感悟到了生命的真谛。

绍兴的山水之美，不仅在于其外在的壮丽，更在于其内在的灵性。它们滋润着这片土地，孕育着一代又一代的绍兴人，形成了忧国恤民、坚韧不拔的胆剑精神。

北宋名相王安石说：“越山长青水长白，越人长家山水国。”绍兴，这座以山水见长的城市，是大自然的馈赠，同样是人类智慧的结晶。它让人们在欣赏美景的同时，感受到了人与自然和谐相处的美好。本书不仅具有自然科普价值，更是文化传统的延续。由于资料庞多、真讹杂出，作者先进行了查证鉴别，得到蔡俐媛、曾海勇、杨菊萍、石飞同志的大力支持，在此深表感谢。让我们共同守护这一珍贵的山水资源，让绍兴的山水之美永续光芒。

2024 年 9 月 20 日

目录

01 钱塘江 海塘故事

钱江潮 ······ 002
钱江海塘 ······ 006
三江所城 ······ 008
曹娥江口 ······ 011
三江闸 ······ 014

02 会稽山 大禹故事

南镇 ······ 018
会稽山之美 ······ 021
会稽来由 ······ 023
大禹的故事 ······ 025
禹迹 ······ 029

03 山阴道 兰亭故事

山阴道……038
兰亭……041
兰亭序……045
印山……049
鲜虾山王阳明墓……051

04 古城三山及“绍兴”名称

绍兴城……054
府山……057
蕺山……059
塔山……061
城内河……063

05 摩崖石刻

古城……066
柯桥……068
上虞……072
诸暨……074
嵊新……076

06 浙东运河　绍兴环城河

浙东运河……080
金柯桥……081
山阴故水道……083
环城河……086
四十里河……087
浙东运河博物馆……089

07 鉴湖

鉴湖诗赞……092
柯亭故事……094
乌篷船……096
古纤道……098
东鉴湖……099

08 从投醪河到黄酒小镇

投醪河……102
稽山中学考古……104
绍兴酒……105
东浦酒乡……108
安昌民俗……110

09　石宕故事

采凿……114
东湖……116
吼山……119
柯岩……120
羊山……122

10　孝德园　曹娥庙

上虞县名……124
孝德园……126
曹娥江……128
曹娥庙……129
凤鸣山……132

11　白马湖　春晖学校

白马湖……136
二都杨梅……139
春晖中学……141
平屋……143
晚晴山房……145

12 东山 覆卮山

东山 …… 148
东山再起 …… 151
东山雅聚 …… 153
覆卮山 …… 154
石浪 …… 156

13 东白山

东白山 …… 158
西白山 …… 160
东白湖 …… 161
东白山景观 …… 163
东白山湿地 …… 165

14 浣纱江 西施故事

西施传说 …… 168
西施殿 …… 170
浣纱江 …… 174
金鸡山 …… 177

15 五泄江 五泄瀑

五泄江 …… 182
五泄风景区 …… 184
斗岩 …… 189
汤江岩 …… 192
布谷湖 …… 193

16 雪夜访戴 谢灵运故事

艇湖山 …… 196
艇湖塔 …… 198
雪夜访戴 …… 200
剡溪 …… 202
石门山 …… 205

17 鹿门书院 古道风骨

鹿门书院 …… 208
鹿门聚会 …… 210
南山湖 …… 212

18 天姥山 梦游天姥吟留别

天姥山 ······ 216
桃源村、青云梯 ······ 218
霞客古道、天姥古道 ······ 220
天姥山景观 ······ 222

19 大佛寺 深山名迹

木化石 ······ 226
大佛寺 ······ 228
般若谷 ······ 234
大佛寺三奇 ······ 236

20 穿岩十九峰

穿岩十九峰 ······ 240
澄潭古镇 ······ 242
新穿岩洞 ······ 243
老穿岩洞 ······ 244
千丈幽谷 ······ 245

01 钱塘江海塘故事

钱江潮

钱塘江，古代称为“浙江”，最早见于《山海经》，原是指流经古钱塘县（今杭州）的江段，民国时期才作为全江的统称。考古发掘证明，古代的钱塘江河口滨海地带是越文化发源地，也是华夏文明的摇篮之一，沿岸人民为治理和开发利用钱塘江付出了辛勤劳动。钱塘江流域气候温和，降水充沛，四季分明。“海阔天空浪若雷，钱塘潮涌自天来”，钱塘江以壮观天下的涌潮闻名。

钱塘江的江面很宽阔，大潮从两岸涌入，由于北岸与南岸外扩形成喇叭口状，大潮常常在此形成两股潮水交叉推进，其中以南岸潮水汹涌激荡，最为壮观。明代绍兴名士张岱在《白洋潮》中说：

> 立塘上，见潮头一线，从海宁而来，直奔塘上。稍近，则隐隐露白，如驱千百群小鹅擘翼惊飞。渐近喷沫，冰花蹴起，如百万雪狮，蔽江而下，怒雷鞭之，万首镞镞，无敢后先。再近，则飓风逼

钱江潮

之，势欲拍岸而上。看者辟易，走避塘下。潮到塘，尽力一礴，水击射，溅起数丈，着面皆湿。旋卷而右，龟山一挡，轰怒非常，炮碎龙湫，半空雪舞。看之惊眩，坐半日，颜始定。先辈言：浙江潮头，自龛、赭两山漱激而起。白洋在两山外，潮头更大，何耶？

潮水到来之前，未见潮水，先闻声音，如百万“雪狮”、千百群“小鹅”奔袭而来，先声夺人。潮头过处，后潮依然不断涌来，拍打海塘，一小时左右，江面可上涨数米。整个钱塘江如热汤沸腾，到处跳跃着浊浪，不时涌起小山一样的浪头。很多水鸟在江面盘旋，趁机啄食被潮水裹挟而来的海鱼。

钱江潮是由潮汐引起的。潮汐是在月球和太阳引力作用下形成的海水周期性涨落现象。由于月球对地球海水有吸引力,地球表面各点离月球的远近不同,正对月球的地方受引力大,海水向外隆起;而背对月球的地方海水受引力小,离心力的净推力更显著,海水在离心力作用下,向外隆起,也会出现涨潮。钱江潮的形成还与钱塘江口状似喇叭有关。钱塘江南岸赭山以东的围垦大地,像半岛似的挡住江口,使钱塘江赭山至外十二工段酷似肚大口小的瓶子,潮水易进难退。杭州湾外口宽达100余千米,到赭山后仅宽几千米,东段河床滩高水浅,当大量潮水从钱塘江口涌进来时,由于江面迅速缩小,潮水来不及均匀上升,就只好后浪推前浪,层层相叠。其次,钱塘江水下多沉沙,这些沉沙对潮流起阻挡和摩擦作用,使潮水前坡变陡,速度减缓,形成涌潮。而沿海一带夏秋常刮东南风,风向与潮水方向大体一致,更加助长了潮势。

钱江潮有着美丽的故事。春秋战国时期,吴国有一位大夫名为伍子胥,他智勇双全,深得吴王阖闾赏识而被委以重任。之后,在伍子胥的全力举荐下,吴王阖闾立夫差为太子。吴越两国争霸,越国被吴国打败。为了保存实力,越王勾践表面上向吴国称臣,暗中却卧薪尝胆,准备复国。此事被伍子胥察觉,他多次劝说吴王杀掉勾践,甚至在夫差不愿改变决定的时候直言相谏:“大王实在是太糊涂了!勾践卑躬屈膝求和只图他日反攻,大王却看不明白他的险恶用心。如若大王再这样糊涂下去,只怕老臣总有一天会看到越国的军队反灭了吴国!”夫差对伍子胥的一再进谏起了反感，君臣之间的关系日渐疏远。后在奸臣挑拨离间下，夫差派人送了一把宝剑给伍子胥，令其自刎。伍子胥怒发冲冠，大骂夫差昏庸无道，还嘱咐门客说："把我的眼睛挖下来，悬挂在东门上，我要看着吴国是怎样灭亡的。"然后，他自刎而死。吴王听说后大怒，就把伍子胥的尸体投入钱塘江中。在伍子胥死后第九年，吴国为越国所灭。据说伍子胥的尸体被投入钱塘江的那天，正是农历八月十八钱塘江涌潮时。每年这一天，人们都能见到伍子胥骑白马、驾素车，奔驰于潮头之上。于是伍子胥被奉为"潮神"，俗称"海潮王"。

话说钱塘江本由东海龙王掌管，现在却多出一个海潮王与他抗争，龙王真是有一肚子的怨气。于是，他鼓动虾兵蟹将要将他赶走。但是伍子胥是名将，加上"海潮王"的神威，东海龙王很快败下阵来，便在沿江陆地上建起了九座龙王庙暂且安息，伺机反击。海潮王精通兵法，便在龙王庙之间建起了九座海神庙，日夜守着。龟丞相向东海龙王献计，让吴越王钱镠在观潮节那天以万箭射潮，迫使海潮王退出。果然，海潮王措手不及，只好暂时退兵。然而，东海龙王的阴谋被海潮王识破。他怒从心起，趁东海龙王不备，怒潮齐发，海水奔腾，向各龙王庙冲去。不久，龙王庙被潮水冲灌，变成一堆烂泥。有趣的是，附近的海神庙和老百姓的房舍农田却安然无恙。从此，"大水冲了龙王庙"的说法就产生了。

钱江海塘

钱江海塘是护卫太湖平原、宁绍平原免受洪、潮侵袭的一道屏障。对绍兴来说，钱塘江的涌潮在明代以前，是从山会平原北部的龛山与赭山之间宽6.5千米的南大门（鳖子门）出入的，历史上这一带称“后海”，曹娥江、西小江皆汇于此。未筑海塘时，一日两度潮汐，轻则倒灌平原河流，重则直接泛溢萧绍平原。历代都十分重视对这一地区海塘的修筑。现存早期的筑塘记录，有春秋时范蠡围田筑堤、汉代华信筑钱塘等。

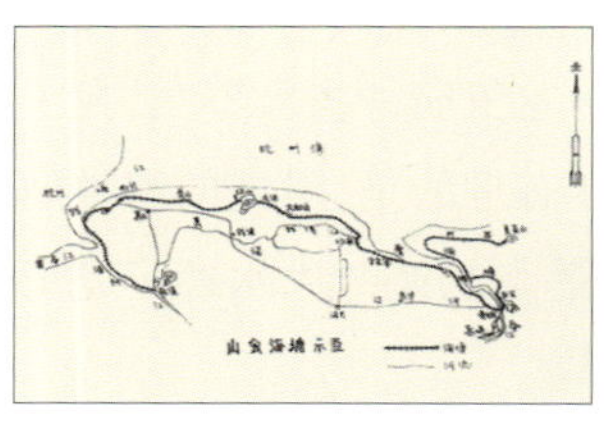

山会海塘示意图

百沥海塘

萧绍海塘是浙江省文物保护单位，由西江塘、北海塘、后海塘、防海塘、蒿坝塘组成，其中西江塘和北海塘多在萧山境内，后海塘在绍兴境内，防海塘和蒿坝塘多在上虞境内。由于钱塘江潮强流急，床质不耐冲刷，滩岸涨坍变化迅速、频繁，海塘常因江岸崩坍、塘基淘刷而坍溃。防海塘最早可追溯至唐开元十年(722)会稽令李俊之修筑的萧绍海塘曹娥段。海塘建成后，萧绍平原东部内河基本与后海及曹娥江隔绝，大致同时，山阴海塘也基本建成。明嘉靖十六年(1537)三月，三江闸建成。后来，这里又建成长400余丈的三江闸东、西两侧海塘，萧绍海塘全部连成一线。清代海塘从石砌塘发展到鱼鳞石塘、块石塘、石板塘，还增筑备塘、坦水、盘头、挑水坝、护塘、挑流、消浪等。民国时期，混凝土等材料与现代技术逐步应用于萧绍海塘建设。现存明、清以来修筑的老海塘总长317千米，除去山体，海塘实长280千米，高6—7米。

钱江南岸总的趋势是滩岸不断向北淤伸，宋家溇以西至萧山浦沿段海塘，由于多次圈筑围堤，渐离海岸，塘面多改作公路。

中华人民共和国成立后，采用固塘与保滩、治江相结合的策略，治理宽浅游荡的江道，在明清以来修筑的大部分海塘外新建围堤，形成了新的防线，老塘退居二、三线。绍兴、上虞两地政府对萧绍海塘多次加固、改造，平均加高0.8米。如上虞世纪新丘治江围涂工程的海堤全长14千米，其中临江海堤长11千米。

三江所城

“三江”是个集结地名，究竟是哪三条江，历来说法不一，主要有曹娥江、西小江、钱塘江和曹娥江、钱清江、直落江二说。三江汇合后流入东海。三江口地理位置重要，自古以来陆续建有三江寨、三江港、三江闸、三江所等重要设施，是绍兴经济、水利、交通、军事乃至海洋文化的集结地。

三江千户所为明朝设置的卫所。明洪武二十年(1387)，由绍兴知府、信国公汤和组织设置，属绍兴卫，为明初于绍兴境内设立的“三卫五所”之一。治所在绍兴城北浮山南麓，与位于浮山北麓、龟山之上的三江巡检司城南北对峙，形成绍兴的海防门户。明代文学家徐渭为汤太守祠题“炼石补星辰，两月兴工当万历，缵禹之绪；凿山振河海，千年遗迹在三江，于汤有光”，指的就是这里。

三江所城，“水门一，陆门四，北则堵焉；城楼四，敌楼三，月城三。引河为池，可通舟楫。兵马司厅四，窝铺二十，女墙六百五十八”。明代，朝廷为抵御倭寇入侵，在

三江所城东门

我国东南沿海各地设立军事防御区，一个地区设卫，下设千户所、百户所，分别建所城，类似今天的警备区、警备连。原三江所城内的主街呈十字形，南北主街西侧有三江河，主要建筑有城隍庙、关帝庙和东岳庙等。现存东城门，长20米、高4.62米，拱门高4米、宽4.6米，以条石砌基。作为绍兴保存下来较好的明代抗倭军事防御设施，它于2011年被列入绍兴市文物保护单位。

沥海所城，明洪武二十年(1387)建。“城门、城楼、角楼、敌楼各四，月楼四”，“兵马司厅四，窝铺十六，女墙六百十一”。内设教场一座。历史上，所城由会稽县、上虞县分辖。

沥海所城地处曹娥江入海口，北濒杭州湾，曹娥江绕城而过。宋代已有村落，明代驻兵防守设所，是著名的浙东海防重镇，民族英雄戚继光曾在此驻兵抗倭。沥海的诚孝文化、建筑文化、抗倭文化、围涂文化、渔猎文化源远流长，形成了沥海特有的地域文化。夏秋间，台风暴雨时有侵袭，有时会造成较大损失。沥海中学内设有沥海历史文化陈列馆，内设“地域文化陈列室”“兵器模型陈列室”“校史陈列室”三个板块。

沥海西大街

曹娥江口

钱塘江、曹娥江河口湿地位于柯桥区、上虞区交界处。这里，初春的细雨、盛夏的骄阳、金秋的朝晖、严冬的白雪，形成了一道美丽的风景线，生态区位重要。湿地区域大部分土地为填海造地的围垦滩涂，从自然潮间带到围垦滞留区，到芦苇交错区，再到海涂林地，这里一直是东亚—澳大

河口湿地

利亚候鸟迁徙路线上的重要中转站。每年迁徙季节，大量候鸟会来这里憩息，补充食物，恢复体力，以便继续迁徙。同时，这里也是我国沿海重要的越冬水鸟栖息地，许多水鸟选择在这里度过漫长的冬天。目前，国家一级保护动物东方白鹳、黑脸琵鹭、白枕鹤，国家二级保护动物卷羽鹈鹕、白琵鹭、小天鹅、游隼、鹗、白腹鹞，世界鸟类红色保护名录极危物种——勺嘴鹬和鸟中大熊猫——震旦鸦雀常年在这里生活。这里共观测到16目44科157种鸟类。

作为新兴开发区，柯桥区滨海工业园区于2002年在海涂基础上建立，有规模以上企业300家。其中，以印染行业为主的“蓝印小镇”，汇集各类印染企业114家。杭州湾上虞经济技术开发区成立于1998年，2013年升格为国家级经济技术开发区，形成了医药化工、汽车及零部件、新材料、高端装备制造等产业集群，落户企业200余家。开发区先后被评为“中国工业示范园区”“浙江海洋经济发

滨海工业园区

展示范区”“中国化工园区 30 强”。

曹娥江大闸水利风景区在曹娥江大闸前。曹娥江大闸是中国乃至亚洲第一河口大闸，正常蓄水位 3.9 米，是浙东引水工程的关键枢纽，具有防潮、治涝、水资源开发利用等多种功能。2003 年开工建设，2011 年通过验收，先后获“国家水利风景区”“中国建设工程鲁班奖”等荣誉。景区结合江滨地形、气候，设有国家水上运动中心、房车露营地、新能源汽车基地。不仅给游客一个安心放松的休憩场所，更使人文景观、工程景观融为一体，浑然天成。

曹娥江大闸陈列馆是大闸旅游度假区的重要配套工程，建筑面积 2580 平方米，设有曹娥江大闸、闸前大桥、绍兴围涂史和国内外著名大闸四个展厅和一个多媒体放映厅。馆内主要以图片、实物、模型和影像等多种形式向人们展示曹娥江大闸工程建设及管理、国内外著名水闸和绍兴围垦海涂的创业史。

曹娥江大闸陈列馆

三江闸

老海塘沿线共有水闸十座，其中位于三江口的三江闸修筑较早。到清代，由于三江闸淤塞，泄水能力下降，同治、光绪年间，一下子新增七座水闸，位于上虞的西湖闸就是在光绪年间所筑的。

三江闸由 28 孔组成，孔名对应天上星宿，故又名应宿闸，是我国古代最大的滨海砌石结构多孔水闸，开创了绍兴水利史上通过海塘和沿海大闸全控水利形势的新格局。南宋，鉴湖湮废，会稽山三十六源之水直接注入北部平原，原鉴湖和海塘、玉山斗门两级控水全部由沿海地带海塘控制。平原河网蓄泄失调，导致水旱灾害频发。而南宋以来，浦阳江多次借道钱清江，出三江口入海，进一步加剧了平原的旱、涝、洪、潮灾害。明代汤绍恩任绍兴知府，“见波涛浩淼，水光接天，目击心悲，慨然有排决志”。明嘉靖十五年(1536)七月，汤绍恩毅然决计在三江汇合处彩凤山与龙背山之间建造三江闸。是年七月开始备料筑坝，到次年三

三江闸

月闸成竣工，共费银5000余两。工程由三江闸、三江城外与绍兴城内各一石制水则组成。据测算，最大泄流量384立方米每秒，正常泄流量280立方米每秒，可使控制流域内三日降110毫米暴雨排泄入海，安全度汛。三江闸自建成至中华人民共和国成立前，共经六次较大规模的修缮，主持者分别为明万历十二年(1584)绍兴知府萧良干、崇祯六年(1633)余煌、清康熙二十一年(1682)闽督姚启圣、乾隆六十年(1795)尚书茹棻、道光十三年(1833)郡守周仲墀、民国二十一年(1932)浙江省水利局等。1979年，新三江闸建立后，三江闸遂完成了它的历史使命。

西湖闸始建于清光绪十五年(1889)，全长12米，3孔，每孔净宽2.3米。南向闸墩用条石砌筑，设避水尖。两闸墩上面铺设长条石，条石之间缝隙用燕尾状铸铁浇注作锁，每块铸铁件均长27厘米、宽13厘米，每隔1米浇注一锁。

中华人民共和国成立后，萧绍海塘逐年加高，超过闸墩2米左右，荷载加大，边墩沉陷后倾。1962年冬，西湖闸改装钢筋混凝土闸门，边墩两面采取沉箱式大开挖及黄泥回填等措施。1963年，为防江水倒灌，塘外侧垒石又加高1.5米。

记录当年建造西湖闸的《西湖底造闸记》，是由蔡元培代乡绅徐树兰撰写的。徐树兰在当时是“绍兴头一个提倡维新的人”，他热心于地方公益事业，曾捐资抢修海塘，西湖闸由他提议并资助。《西湖底造闸记》刻于碑上，篆文者则是当时颇有名气的书法家汪洵。汪洵书法很得颜真卿的风骨，他被称为海上书法“四大家”之一。幸运的是，这块碑还立在那。另外，西湖闸旁还有闸庙，供守闸人使用。闸庙内正屋石柱上还留有一联：“东海澹沉灾，石宦乡贤同一传；西湖思明德，馨香俎豆亦千秋。”

西湖闸

02 会稽山 大禹故事

南镇

南镇会稽山

我国是一个多山的国家，名山很多，但人们比较熟悉的也就是五岳、五大佛教名山和黄山、庐山等。殊不知在历史上，与五岳齐名的还有五镇。这里的“镇”不是指集镇，而是指我国古代镇守一方的主山。绍兴倚山面海，具有“山—海—原”逐步递进的台阶特点。其中的“山”就是会稽山，因大禹治水时在此会诸侯，计功行赏而得名，为古代"五镇"之一的南镇，是越文化和中国山水诗的发源地。

镇山之名最早出自《周礼·职方氏》，书中说：大禹将华夏分为九州，为了稳定局势，在每州指定一座大山为镇州之山，于是中国就有了最早的九座名山。后来，其中的五座名山演变成五岳，而另外四座仍为镇山，其后吴山加入镇山之列，就有了"五镇"之名。这五大镇山分别是东镇沂山（在山东临朐县）、西镇吴山（在陕西宝鸡市）、北镇医巫闾山（在辽宁锦州市）、南镇会稽山（在浙江绍兴市）和中镇霍山（在山西霍州市）。

"五镇"相传由黄帝首封。所谓的"封"是一种祭祀性的礼仪活动，一般是在山巅上筑土为坛，在坛上祭祀天神，以报答上苍的功绩。宋元时期，朝廷对五镇有赠封，明确五镇的方位和名称，会稽山为永兴王。明清基本上沿袭前朝的做法。历代帝王敕封镇山，是为了表明自己"受命于天"。因此，只要政权稳固、经济发展，他们就会亲临或派员前往这些镇山祭拜，逐渐使拜祭镇山活动成为一项国家级的祭典礼制。

秦汉以后，会稽山逐渐成为佛道圣地。山上的炉峰禅寺始建于宋，被称为"南天竺"，以与绍兴城中的"北天竺"相区别。山中的阳明洞天被列为"道教三十六小洞天"中的第十洞天。若耶溪从山下流过，为道教七十二福地之一。此外，会稽山东南的宛委山是道教龙瑞宫遗址，留有"葛仙炼丹岩""葛仙炼丹井""飞来石"。"飞来石"上有唐宋以来名家题跋，其中最知名者乃唐朝书法家贺知章所写的《龙瑞宫记》。

阳明洞天

作为绍兴地形的主骨架，会稽山脉南北长约95000米，东西宽约35000米，平均海拔约500米，主峰东白山海拔1194.6米。会稽山脉千米以上的山峰多在南部，如西白山(1095.7米)、棕桐尖(1028米)。北部的山峰海拔在500米以上的有：美女尖、鹰子岩岭、白玉尖、湖塘岗、龙头岗、砂石岗、上谷岭、龙头顶。会稽山主干主要由中生界火山熔岩、碎屑岩构成，局部有砂岩、页岩等分布。岩性松软的岩石构成山间小盆地。中段有新生界玄武岩，形成条带状台地。从主干按西南—东北走向，形成五百岗丘陵、西干山丘陵和化山丘陵，亦成为浦阳江和曹娥江的分水岭。

会稽山之美

会稽山之美,美在自然山水。东晋顾恺之称赞会稽山"千岩竞秀,万壑争流,草木蒙笼其上,若云兴霞蔚"。会稽山植被茂盛,资源丰富,有香雪梅海(柯桥)、红豆仙霞(柯桥)、同康竹海(柯桥),拥有会稽山、兰亭、诸暨香榧三处国家级森林公园,舜江源、东白山两处省级自然保护区。登临高处,可见群山连绵,千山一碧,山明水秀,宛若仙境。东晋名士王羲之、谢安等都因"会稽有佳山水"而定居绍兴。

香雪梅海

灵鹅石鼓

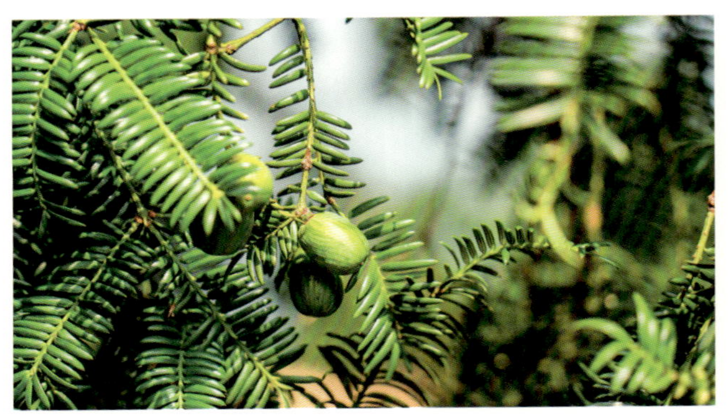

香榧

会稽山是中国香榧的原产地和主产区之一。香榧别名“中国榧”，又称“三代果”，一年开花、一年结果、一年成熟，一棵树上往往同时有花朵、一年果和两年果存在。绍兴俗话说：香榧好吃树难栽。最少要8年，香榧树才能零星挂果，几十年后产量会逐渐增加，百年以上的成为“壮龄树”，才能出现硕果累累的盛况。如此漫长的生长期，极大地限制了这一珍稀植物的数量，数百年的老树堪称稀世之宝。香榧树四季常绿、形态优美，与会稽山的村落、小溪、山岚等构成了一幅幅赏心悦目的绿水青山图。

实际上，2000多年前的绍兴人从野生的榧树中，通过人工选择和嫁接培育，才得到香榧这一优良品种并传承下来。因此，现存的古香榧树的基部，多有显著的牛腿状嫁接疤痕。直到今天，这些古香榧树历经岁月沧桑仍硕果累累，堪称古代良种选育和嫁接技术的“活标本”。

会稽来由

会稽山文化积淀深厚。4000多年前的一个冬日，大禹从都城平阳出发，来到茅山。随从们按照要求，在山上搭了座极其简陋的"皇宫"：一间草房。房前竖立一杆巨大的龙旗，龙旗之下，插着一柄象征王权的玉钺。大禹就在这"皇宫"里住下来，并传令四方诸侯来此会面。次年春天，大禹在茅山大会各路诸侯，按照政绩进行相应的封赏或惩罚。为了纪念此次大会，大禹将茅山改为"会稽山"，而所谓"会稽"，就是"考核功绩"的意思。这段历史，司马迁在《史记·夏本纪》中有提及："会稽者，会计也。"这就是会稽山名称的由来。

春秋时期，越王勾践为夫差所败，以五千残兵退守会稽山。《嘉泰会稽志》卷九："会稽山周回三百五十里，盖总言东南诸山之隶会稽郡者。"秦朝建立后，在吴越地设立会稽郡，治吴县(今属江苏苏州)，在绍兴设"山阴"县。秦始皇曾上会稽，祭大禹，望南海，并立石刻颂秦德。西汉的

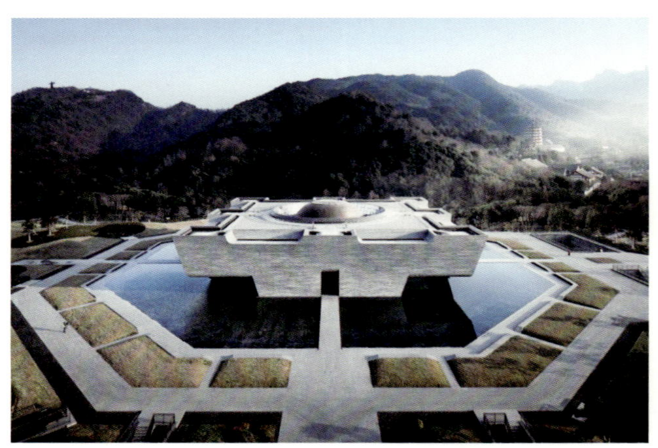

大禹纪念馆

会稽郡领县26个，包括今浙江和江苏、福建等省的部分地区。此后会稽郡的属地逐渐缩小，至清朝，会稽仅为绍兴府所属的八县之一，和当时的山阴县一起，基本在今柯桥区和越城区范围之内。

据《万历绍兴府志》:“天下之山，祖于昆仑，其分支于岷山者为南条之宗。掖江、汉之流，奔驰数千余里，历衡逾郴，包络瓯、闽，而东赴于海。又折而北，以尽于会稽，故会稽为南镇镇止也，南条诸山所止也。越郡正当会稽诸山之中，郡城之外，万峰回合，若连雉环戟，而中涵八山。八山者，又会稽诸山之所止也。”会稽山为中华祖山昆仑山向南的终点，其地位之高由此可见。

大禹的故事

会稽山孕育了古老的越文化，治水英雄大禹一生行迹中的五件大事——治水、禅礼、娶亲、计功、归葬，都与会稽山有关。

石帆山大禹铜像

《水经注》记载:“《吴越春秋》称覆釜山之中,有金简玉字之书,黄帝之遗谶也。……山上有禹冢,昔大禹即位十年,东巡狩,崩于会稽,因而葬之。有鸟来,为之耘,春拔草根,秋啄其秽,是以县官禁民,不得妄害此鸟,犯则刑无赦。”自古以来,绍兴就流传着“金简玉字”“会稽鸟田”的故事。

相传在尧的时期,天下洪水为患。禹治水时,既负重任,又新婚别妻,恨不得一蹴而就,但是年复一年,光阴流逝,七年过去了,治水并无成效。他于是回头查阅《皇帝中经历》,其中有圣人记述说:天下九山中,有东南天柱,名宛委山,山上有一部书,用黄金做简,用青玉做字,用白银编缀。根据这一线索,大禹出发东巡,登上会稽山,杀白马祭祀,梦见玄夷苍水使者,然后下山斋戒。等到三月庚子日,

宛委山望仙桥

他登临宛委山，果然得到金简之书。大禹阅读了金简上的青玉文字后，山河体势、水源地形，豁然开朗，终使治水大功顺利告成。水患平息后，大禹又把这部“金简玉书”藏回原处，这就是“金简玉字”的由来。

“鸟田”，指有百鸟助人耕田，春天叼去草根，秋天啄除杂草。为什么鸟类会来耕田呢？传说因为禹死后葬于会稽，其念念不忘黎民百姓之苦的精神感动了百鸟，于是百鸟便来这里为农夫耕田，而且进退有行，使绍兴百姓得“鸟田”之利。当地官府便明令禁止人们伤害鸟类，否则要被处以刑罚。这些都是比较原始的农业耕作现象。绍兴民俗把鸟当作吉祥物，以鸟作为崇拜的图腾。历年来绍兴境内出土的文物上多有鸟的纹饰，如鸠杖。绍兴城市广场就有鸠鸟纹饰柱，这是后人对这一古代图腾的认同。

浙东地区山水大势图（浙东运河博物馆）

青铜鸠杖（绍兴坡塘出土）

治水活动对绍兴的发展发挥着重要作用。研究表明，从第四纪更新世末期以来，宁绍平原经历了星轮虫海侵、假轮虫海侵和卷转虫海侵三次沧海桑田的剧烈变迁。

距今4000年前后，海岸线后退到今柯桥—越城—上虞—余姚—镇海一线。于是越部族开始有居民从会稽山逐年北移，他们挖河渠疏排积水，逐步在沼泽平原上开辟水田。这种疏排积水、改造沼泽、开辟水田的成功做法，被后人归功于“自禹功告成于会稽，而南山（会稽山）之下始有土田”。正是海陆变迁造成了绍兴平原河流短促、沼泽遍布的水环境，才导致了古籍记载中“洪水横流”“大禹治水”和“导水”故事的发生。

海退时期地质景观

禹迹

禹庙是祭祀大禹的场所，由辕门、午门、拜厅和大殿等组成。绍兴禹庙最初由大禹之子启所建。今庙始建于梁大同十一年(545)，后来倒塌，1933 年又依照明朝规模和清

大禹陵御碑亭

朝形制重建，是我国历史最悠久的祭祀庙宇。整个建筑群循地势逐层升高，大殿内矗立大禹彩塑立像，身后有九把斧凿，旁边摆放磬钟和大鼓，象征大禹“疏凿九州”“五音听治”。在绍兴话里，“斧”“五”同音，也蕴含“九五至尊”的意思。殿中楹联分别为康熙、乾隆两帝及赵朴初和启功先生撰写或丹书。照壁前的《岣嵝碑》，字体诡奇，引发了历代学者的关注。

大禹陵御碑高约 4 米，宽约 1.9 米，御碑亭内石碑上镌刻着乾隆帝在清乾隆十六年(1751)祭拜大禹陵时题写的一首五言诗:“展谒来巡祭，凭依对越中。传心真贯道，底绩莫衡功。勤俭鸿称永，仪型圣度崇。深惟作民牧，益凛亮天工。”1995 年，浙江省和绍兴市人民政府联合举行公祭典礼，恢复祭禹传统。2006 年，大禹祭典被国务院列入国家级非物质文化遗产名录。

大禹在会稽山的活动痕迹很多。在诸暨境内，有一处叫叠石岩的禹迹。在距五泄风景区入口不远处的岩石上，刻有“叠石胜境”四字，相传为大禹治水之处。岩石高约 100 米，长约 400 米。嵊州境内有一座小山，叫了山，当地人又称余粮山。山上草木葱茏，山花烂漫，花木中间杂着不少形如小馒头的石块，里面是黄色粉末，人们称这些石块为“石馒头”或“禹余粮”。李时珍编写的《本草纲目》里也有明确记载。相传大禹治水到嵊州，剡溪仙岩段西面的嵂山和东面的嵊山相连，剡中盆地是一个大湖，排水不畅。大禹观察地势之后，决定劈开嵂、嵊二山，开凿了溪，将剡中湖水

叠石胜境

导入舜江。史称“禹治水毕功于了溪”。今清风大桥到嵊浦的剡溪两岸，河道狭窄，峭岩壁立，据说就是大禹治水时凿开的遗迹。昔时的盆地湖水，正因为“禹凿了溪”，才变成沃野一片。一天，大禹还在工地忙碌，其妻女娇（涂山氏）盛了一篮馒头，翻山越岭给大禹送去当晚餐。到了半山，月色朦胧中，她猛然望见山上一只似象非象、似牛非牛的庞然怪兽用粗长的鼻子在拱山，只听得“轰隆”一声巨响，山又倒下一角。女娇大惊，尖叫一声，手中的篮子就骨碌碌滚下山去了。其实她哪里知道，怪兽正是大禹所变的。听到尖叫，大禹恢复原形来到女娇身边，两人一起下山找到篮子，篮内只剩下几个馒头，其余都丢散在山中了。大禹说：“晚餐已经够吃了，其余的馒头就算我的余粮，放在山上吧。”当地人称形如馒头的石块为“禹粮石”，山名也改作“余粮山”，女娇翻越的那座岭就叫“余粮岭”。

了溪禹王庙

“禹粮石”是难得一见的石中珍品。它们有的有褶皱，像山核桃；有的是圆形的，似铁球，用手摇动，其内核随即振动有声。砸碎后，里面还有黄色无砂质感的粉末。采集后，去净杂石即可作药用。禹余粮味甘、涩，归胃、大肠经，能涩肠止血，主治久泻、久痢等。可煎汤，或入散剂、丸剂；外用适量，可研末撒或调敷。

为保护和传承好大禹的文化遗产，自 2018 年起，绍兴先后发布了《绍兴禹迹图》《浙江禹迹图》《中国禹迹图》《绍兴禹迹标识导读》，取得了令人可喜的成绩。

《中国禹迹图》收录有全国重点文物保护单位 31 处，省级文物保护单位 27 处，市、县级文物保护单位 11 个。这是我国第一张从大禹文化记载、传播、考证与发展的视角出发绘制的历史地图。

清代祭禹活动很多，也很隆重，到大禹陵瞻仰、游览的

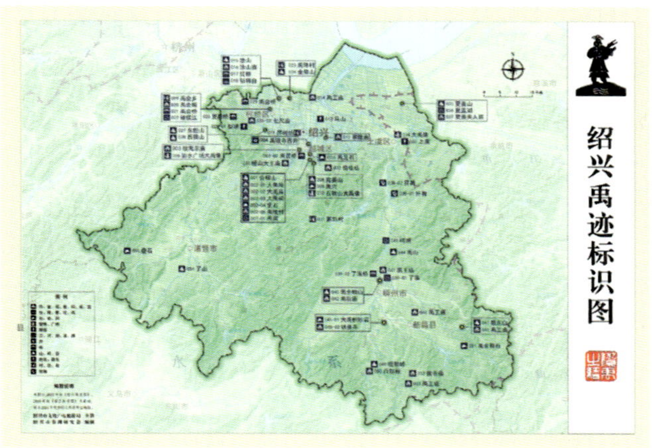

《绍兴禹迹标识图》

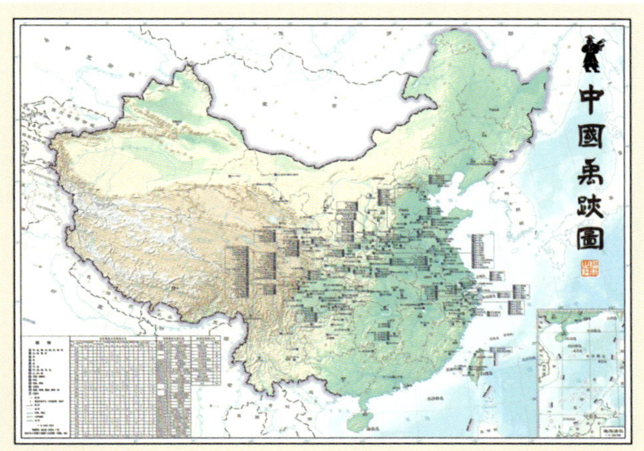

《中国禹迹图》

人很多。阮元《大禹陵庙碑》说:“巡抚阮元来拜庙下,以考其成。”考查大禹事迹,为大禹的业绩作颂诗是一件幸福的事。时间迈进到20世纪,孙中山、蒋介石、鲁迅、俞平伯、章太炎、舒同、沙孟海等都在大禹塑像、大禹陵碑前留下过身影。

大禹作为治水英雄,一向得到水利界人士的尊崇。1934年,中国水利工程学会会长李仪祉率领同人到绍兴祭大禹,曾为之撰《会稽大禹庙碑》。碑文中有“师其意,本其精神以治事,为旱潦容有不息者乎?”之句。1947年,中国工程师学会决定以农历六月六日大禹诞辰日这一天为

大禹陵牌坊

中国工程师节，并在大禹陵举行了祭禹活动，向社会各界征集大禹纪念歌。选出来的纪念歌歌词为：

我思古人，伊彼大禹。洪水滔天，神州无净土！左准绳，右规矩。声为律，身为度。三过其门而不入，八年于外不辞苦。岂不怀归，念此众庶，嗷嗷待哺。大哉圣哉禹！我思古人，伊彼大禹。洪水滔天，神州无净土！薄衣食，卑宫宇。排淮泗，决汉汝。生民相庆免为鱼，禾黍既登修贡赋。亿万斯年，诸夏子孙，弦歌拜舞。大哉圣哉禹！

大禹的妻妾同样葬于会稽山。今天的会稽山中，有一个姒氏村落，村中居民世代守卫着大禹妻妾的陵墓。这个村有一个古老的名字——“冢斜”。冢斜村南北长约

冢斜村

150 米，东西长约 400 米。村庄北靠大龙山，南朝轰溪山，小舜江蜿蜒绕村而过，山绿水清，风景幽雅，其绝大部分建筑坐北朝南。2012 年，柯桥冢斜村入选第一批中国传统村落。

大禹生三子，为纪念妻子涂山氏，给第三子赐姓余氏。大禹的五世孙少康为夏朝的第六代君王，册封自己的庶子姒无余为越王，命他率家人在会稽山为大禹及其妻妾守陵，并主持春秋两季的祭禹仪式，还许诺所赐田地可以不用缴税，产出所得全部用于守陵和祭祀。就这样，姒无余带着家人在禹庙西北侧住下来，渐渐繁衍成村，并将守陵和祭祀的传统一直延续到今天。明代，其中的一支迁至冢斜村。

03 山阴道 兰亭故事

山阴道

山阴道

山阴道是古代绍兴到诸暨的一条官道。“山阴道上行，如在镜中游。”（王羲之）“从山阴道上行，山川自相映发，使人应接不暇。若秋冬之际，尤难为怀。”（王献之）这是东晋“书圣”父子对当时绍兴自然风光的赞美，“山阴道”就是其中的精华。

到了明代，文学家袁宏道来绍兴游玩，在《山阴道》一诗中写下了他的见闻和感受：“钱塘艳若花，山阴芋如草。六朝以上人，不闻西湖好。平生王献之，酷爱山阴道。彼此俱清奇，输他得名早。”在他眼中，山阴道是可与杭州西湖并列的。

民国时期，学者俞平伯来绍兴，看到“舟行其中，石骨棱厉，高耸逼侧，幽清深窈，不类人间”，不乏对山阴道的赞赏。鲁迅在《朝花夕拾》中描写山阴道：“我仿佛记得曾坐小船经过山阴道。两边的乌桕，新禾，野花，鸡，狗，丛树和枯树，茅屋，塔，伽蓝，农夫和村妇，村女，晒着的衣裳，和尚，蓑笠，天，云，竹，……都倒影在澄碧的小河中。”

绍兴南部是丘陵山地，北部为平原水乡，地势南高北低。登上山阴道旁的亭山，可以看到会稽山绵延而北，南部山势巍峨，北面水网密布。山阴道这一段，就处在水乡与山村的过渡地带。驿道如一条玉带，镶嵌在一片桑田中间，右边是娄宫江，远处孤丘点点。既具水乡风貌之胜，又有山区景色之美，这在整个江南地区都是非常少见的。

20世纪80年代，兰亭景区附近地下发掘出一段山阴古驿道的遗迹，上层宽近两米，路面平整，青砖竖铺，严丝合缝。

东晋南下的士族，对山阴道可谓喜欢至极。除了王

古驿道文物

羲之、王献之父子，画家顾恺之游历会稽时说："千岩竞秀，万壑争流，草木蒙笼其上，若云兴霞蔚。"更把山阴道推向高峰。《世说新语》载："王恭从会稽还，王大看之。见其坐有六尺簟，因语恭：'卿东来，故应有此物，可以一领及我。'恭无言。大去后，即举所坐者送之。"两人都是东晋的名士，官阶不低。一位从绍兴回到建康，带回一种竹簟；一位闻讯而至，索取竹簟。去不了山阴道，坐一坐当地竹簟总可以吧。这是成语"身无长物"的出处。

东晋永和九年(353)三月初三，王羲之约谢安、孙绰等名流及子侄四十一人游玩兰亭。王羲之和大家列坐于小溪旁，让随从从上游漂下数只盛酒的觞，觞停在哪个人的面前，哪个人就要作诗一首。成集后，王羲之为诗集写了一篇 324 字的《兰亭集序》。

兰亭

兰亭位于兰渚山下，占地100多亩。春秋战国时期越王勾践曾在此种过兰草。《乾隆绍兴府志》转引《九域志》：“兰渚山，在绍兴府西，句践种兰于此。”汉代，此地又设过驿亭，兰亭的名称由此而来。兰亭江全长21.55千米，集雨面积111.31平方千米。

兰亭江

兰亭因书圣王羲之而闻名。王羲之出生于书法世家，从小得到著名书法家的指导，曾向卫夫人学习书法。后来他博采众长，另辟蹊径，创造出研美流畅的新体。人们赞誉他的书法“如龙跳天门，虎卧凤阙”“飘若浮云，矫若惊龙”。

现在我们常以“景幽、事雅、文妙、书绝”八个字简要概括兰亭的特点。鹅池是进入兰亭的第一景。王羲之爱鹅、养鹅、书鹅人所共知，故兰亭有鹅池纪念这位大书法家。站在鹅池旁，可以观赏群鹅戏水，感受“白毛浮绿水，红掌拨青波”的野趣。绍兴民间流传着不少王羲之与鹅的故事：王羲之有一次在山阴道上散步，碰到一个道士赶着一群白鹅。王羲之非常喜欢，于是向道士买鹅。但道士早已认出了王羲之，故意不肯卖，而让他抄写一本经书来交换，结果王羲之竟然真的抄了一本《道德经》给道士，换取白鹅高兴而归。可见王羲之是多么爱鹅！或许有些人会问：

鹅池

"王羲之为什么会爱鹅呢？"王羲之认为：鹅高昂的脖子以及全身洁白的羽毛象征了一种清高和洁白无瑕的高尚品格。同时，鹅的体态很优美，特别是游水的时候，这对王羲之研究书法很有帮助。他认为握笔时食指要高钩如鹅头昂扬微曲，运笔时要如鹅掌拨水，把全身的精力贯注到笔尖。他还将鹅游水的体态美转变为书法的线条美，据说《兰亭序》中20个"之"字的写法就是根据鹅的姿态演变来的。

池旁边的鹅池碑亭，是一座式样别致的石质三角形亭子。陈从周说，三角亭非常罕见，除杭州西湖三潭印月有三角亭外，兰亭鹅池碑亭也是一例。亭中有一块石碑，上刻"鹅池"二字，据说为王羲之、王献之父子二人所书。"鹅"字娟秀挺拔，"池"字粗犷豪迈，父子两人的书法风格有所不同。相传王羲之刚写完"鹅"字，要写"池"字时，忽然圣旨送到，只好搁笔去迎圣旨。他的小儿子王献之当时只有八岁，趁父亲离开之时，提笔补写了一个"池"字，一碑二字，父子合璧，"鹅"瘦"池"肥，成为千古佳话。

过鹅池便是兰亭的标志性建筑——兰亭碑亭。兰亭景区里面的建筑以亭为主，每个亭都不一样。鹅池碑亭是三角亭，兰亭碑亭是四角亭，它的顶部比较特别，盝顶之上加一方顶，精雕花纹图案，精巧雅致。再看，它三面临水，倒影动人。而且，远处的兰渚山经常云雾缭绕，仙气浮动。亭子内的石碑上刻有"兰亭"二字，是康熙皇帝的御笔。可惜，此碑在"文革"时期遭到破坏，被砸成几截，虽经修补，仍然缺了一块。

曲水对面是流觞亭，是纪念性建筑，飞檐翘角，走廊环绕，古朴大气。亭中有对联："此地似曾游，想当年列坐流觞未尝无我；仙缘难逆料，问异日重来修禊能否逢君。"还有"曲水邀欢处"匾额，这五个字是草书与楷书的结合，特别是"欢"字，为繁体字草写法，很难辨认。下面墙上挂着一幅《流觞图》，生动地再现了当年王羲之等人修禊雅集的情景：有人低头沉吟，有人举杯畅饮，有人醉态毕露，令人叫绝。

走出流觞亭可以看到御碑亭。御碑亭中间的巨碑，高约 6.8 米，宽约 2.6 米，重约 18 吨，已完整保留了三百多年，为我国最大的古碑之一。碑上，康熙、乾隆祖孙俩，两个皇帝书迹同碑，堪称国宝。

1984 年，绍兴市决定在每年农历的三月初三举行中国兰亭书法节。届时，仿效王羲之当年曲水流觞之风雅，饮酒赋诗，畅叙幽情，挥毫交流，信可乐也。

兰亭书法节

兰亭序

《兰亭序》不但书法精妙，其文章也是千古名篇，在高中语文课本中有收录，可谓书文双绝。文章分为两部分。前半部分叙事。时间：永和九年(353)，岁在癸丑（农历癸丑年），暮春之初（晚春三月）。地点：会于会稽山阴之兰亭（会聚在绍兴兰亭）。事情：修禊事也（修禊是古代的一种风俗，春秋两季在水边举行的祭祀活动）。人物：群贤毕至，少长咸集（既邀请了名士，也带来了儿侄，年少年长的都来了）。“此地有崇山峻岭，茂林修竹，又有清流激湍，映带左右，引以为流觞曲水。”“列坐其次，虽无丝竹管弦之盛。”（列坐曲水旁，虽然没有乐器的伴奏）“一觞一咏，亦足以畅叙幽情。”（但一边喝酒，一边作诗，也足以畅叙内心的深情）“是日也，天朗气清，惠风和畅。”（天气也很好）“仰观宇宙之大，俯察品类之盛。”（抬头看宇宙辽阔，低头看万事万物昌盛）“所以游目骋怀，足以极视听之娱。”（所以纵览开怀，足以极尽视听的欢娱）“信可乐也。”（实在是高兴啊）到这里是文章的叙事部分，讲述了曲水流觞的情景。后半部分则为抒情。如“夫人之相与，俯仰一世”（人与人之间相处，抬头低眼时很快一世就过去了），从这一句就可以看出王羲之悲感人生之短，乐极生悲。整篇文章是一篇优美的抒情散文。

当然更主要的是书法，王羲之将他创造的妍美流畅的行书风格运用到这一文章中，将自己由欢乐到感伤的情感流露到书法中，同时又是在这天时、地利、人和的情况下创作了《兰亭序》，可谓将书法这一艺术发挥得淋漓尽致、登峰造极。据说《兰亭序》是他酒后微醉时所写，第二天酒醒之后，多次重写，都达不到初稿的效果了。文章中有 20 个“之”字，7 个“一”字，虽然重复，但写法各不相同。所以《兰亭序》成为王羲之的代表作，奠定了其书圣的地位，被称为“天下第一行书”。

兰亭御碑亭有康熙写的《兰亭序》。王羲之《兰亭序》原作是横幅，康熙临摹的《兰亭序》考虑到碑刻的需要，把

《兰亭序》

横幅变成了直幅，把28行变成了13行。原作很小，而康熙把它临成了一幅巨作，字径达十余厘米。乾隆在乾隆十六年(1751)三月初八慕名到兰亭。当时他看见碑正面是祖父留下的碑文，于是有感而发，即兴作下一首七律诗：“向慕山阴镜里行，清游得胜惬平生。风华自昔称佳地，觞咏于今纪盛名。竹重春烟偏澹荡，花迟禊日尚敷荣。临池留得龙跳法，聚讼千秋不易评。”

王右军祠是后人为纪念王羲之而修建的，“王右军”就是王羲之，他曾官至右将军，世称“王右军”。这里并非王羲之故宅，王羲之住过的地方在绍兴市戒珠寺，那里还有题扇桥与躲婆弄等景点。

王右军祠是兰亭景区建筑上的经典之作，结构之妙，实为罕见，我们来好好地欣赏一下。祠堂形如画舫，坐落水中，巧借自然之景。进门可见蓝天、白云、青山，祠中又有水池“墨池”，池上有亭“墨华亭”，亭边连桥，四周环廊，廊内陈列着历朝历代临摹的《兰亭序》版本。如冯承素摹本、《兰亭八柱帖》、《开皇兰亭》等。

大家一定想目睹一下王羲之的真迹，但十分遗憾，难以如愿。当年王羲之《兰亭序》作为王家的传家之宝，一代代往下传，到王羲之的第七代孙智永，他出家当了和尚，便把《兰亭序》传给了他的弟子辩才。辩才如获至宝，将它藏在房梁间暗槛中。这时已是唐太宗的时代，唐太宗酷爱王羲之的书法，得知《兰亭序》在辩才的手中，便命萧翼设计谋取真迹。萧翼扮成一个穷书生，带着二王的一些杂

墨华亭

帖拜访辩才，同他交了朋友。二人经常饮酒赋诗，评论二王书法，在酒酣耳热之时，辩才终于透露了他藏有《兰亭序》真本的事情。萧翼使辩才失去警觉，将《兰亭序》的真迹置于桌案之上，不再放回房梁间暗槛中。一天，萧翼知道辩才外出，便潜入僧房，盗走了《兰亭序》真迹。唐太宗得到王羲之的真迹，命人摹刻翻拓，赐给他的皇子近臣。他临终时还留下遗诏，要把《兰亭序》作为陪葬品，埋入昭陵。从此人们就再也看不到《兰亭序》的真迹。

印山

印山又名木客山，其立面高耸似古代的印玺，因此而得名“印山”。印山王陵已经有2500年左右的历史，陵墓的规模、形制均为国内首次发现，有着“江南第一大墓”和

印山

印山大墓

"北有秦宫,南有印山"的评价。这座墓葬也是我国目前发现的第一座越国王陵,并且也是南方最大的一座先秦时期大型古墓葬。《越绝书》载:"木客大冢者,句践父允常冢也,……去县十五里。"现紧靠印山北侧的木栅村,以前叫木客村,村内有姜婆山、杨家山、印山、叩老鹰山等大小山丘近十座。《水经注》中就有"浙江又径越王允常冢北,冢在木客村"的记载。印山大墓就是越王允常的"木客大冢"。整个木构墓室,虽历经二千多年的风雨侵蚀,又遭古代盗掘破坏,但保存仍很完好。究其原因,除了大墓选用了优质的巨大木材外,严密科学的填筑措施,无疑也起了至关重要的作用。

鲜虾山王阳明墓

王阳明，名守仁，字伯安，绍兴府余姚县人。明弘治十二年(1499)进士。官至南京兵部尚书，封新建伯。少颖悟，博览经籍，后倡导心学，主张“知行合一”，以“致良知”为旨归，开创了“姚江学派”。嘉靖七年(1528)，卒于江西南安，葬于兰亭花街鲜虾山南麓。据说王阳明的墓地是他亲

王阳明墓

选，后有鲜虾山为靠，前有小案山回顾对景，山南有溪流缠绕。此地水缠玄武，水聚明堂，当地居民称此处为“抖水鲜虾”之格局，取其仙虾跃水、生机蓬勃之意。现建有阳明文化公园。

阳明文化公园

04 古城三山及“绍兴”名称

绍兴城

绍兴古城位于杭州湾南沿，被人们称为“没有围墙的博物馆”。它曾是古代越国以及后来会稽郡、越州、绍兴路、绍兴府的政治、经济、文化中心和军事重镇。绍兴也是国务院首批公布的二十四座历史文化名城之一。

绍兴城始建于越王勾践七年（前 490），围绕勾践小城周围的城郭，发展出山阴大城。《越绝书》记载：“勾践小城，山阴城也。周二里二百二十三步，陆门四，水门一。今仓库是其宫台处也。周六百二十步，柱长三丈五尺三寸，溜高丈六尺。宫有百户，高丈二尺五寸。大城周二十里七十二步，不筑北面。”据此我们可以看到，当时的绍兴城建筑颇为宏伟，并且已经发展出便于城中生活的陆门、水门。

范蠡在卧龙山上修建了一座高楼，名为“飞翼楼”。从表面上看，这座飞翼楼不过是一座建在山巅之上的普通楼阁，但它实则却是一座具有军事用途的哨站，士兵站在这座飞翼楼之上瞭望，可将周围百里范围内的情况一览无余。

越王殿

飞翼楼

一旦发生战事,这座飞翼楼将会发挥巨大的作用。飞翼楼现在已经修复,成为绍兴城的标志景点。勾践选址筑城的原因,可由谋士范蠡的一段话加以概括:"今大王欲国树都,并敌国之境,不处平易之都,据四达之地,将焉立霸王之业?"足见从会稽山麓迁都至冲积平原与勾践称霸中原的雄图大略相关。

秦代,由于秦始皇的强制移民政策,越地的城市发展趋于停滞。这种状况一直持续到魏晋时期。

东汉永和五年(140),会稽郡守马臻主持修筑鉴湖围堤,以会稽郡城为中心,形成一片"周回三百一十里"的人工湖泊,即鉴湖。鉴湖工程的修筑促进了当时绍兴的农业生产。之后,建设者又对山阴的城垣进行了修整。因为城垣三面为水所包围,山阴县的城垣建筑必须具备堤坝的功能。于是,建设者利用城垣原有的水门,改建了都赐堰、东郭堰、都赐闸、东郭闸四处闸堰。绍兴城自此成为沟通南北的一座水上交通要塞。

晋代"衣冠南渡"后,随着城市人口不断增加,绍兴在南朝陈代(557—589)出现了东西分治的局面:以城中一条贯穿南北的河道为界,西部为山阴县,东部为会稽县。到了隋开皇时期(581—600),出现了自勾践筑城以来第一次有记载的城垣修建:勾践小城扩充为子城,设有陆门四处、水门一处;子城的外围设罗城,在原大越城基础上进行扩建,奠定了绍兴古城的总体面貌。

南宋初年,宋室南渡,为绍兴城的发展带来了更为重要的机遇。由于金兵南下势头凶猛,宋高宗赵构于建炎三年(1129)十月来到越州,驻跸于此,越州第一次成为南宋的临时首都。建炎四年(1130)四月,宋高宗返回越州,越州第二次成为南宋的临时首都,为时达一年零八个月之久。越州城两次成为南宋首都,向更大规模发展。1131年,宋高宗改元为绍兴元年。绍兴成为“行在”(临时首都)临安之外,与金陵齐名的全国性都市。

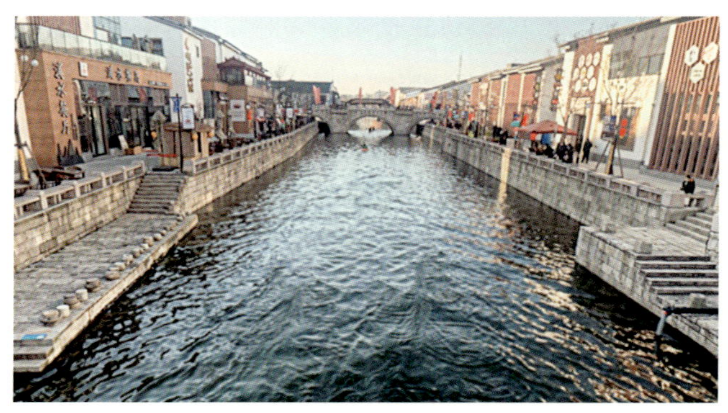

迎恩门水街

府山

明末张岱《越山五佚记》写道:“越城以外,万壑千岩,屈指难尽。城以内,其为山者八:一卧龙,二戒珠,三怪山,四白马,五彭山,六火珠,七鲍郎,八蛾眉。岂知华严寺后,尚有黄琢一山。则越城内之山,当增而为九。”绍兴古城内有九座山,而今能见到的仅卧龙山(府山)、戒珠山(蕺山)、怪山(塔山)、白马山四座。

府山位于绍兴城西北隅,俯仰之间充满着越国古风。因山势状如卧龙,故称卧龙山。据传,越国大夫文种被越王勾践赐死后葬于此山,故又名种山。清代康熙帝曾驻跸于此,改名兴龙山。又因南宋以后绍兴设府,府署建在种山山脚,故名府山。府山自越王勾践建宫台至今,积聚了众多的人文古迹。山上有“越王台”“越王殿”“文种墓”,里面陈列着古越的文物。府山西北有历代名人摩崖石刻。南坡有风雨亭,这座小亭是为了纪念著名女侠秋瑾而建的。

府山有清白泉。范仲淹知越州时，曾在府山疏浚一口废井，见泉清而味甘，遂把泉命名为“清白泉”。又在泉旁建“清白亭”，并把居住的凉堂更名为“清白堂”。随后，他以“清白而有德义为官师之规”为主旨，写下著名的《清白堂记》。这与他在《岳阳楼记》中提出的“先天下之忧而忧，后天下之乐而乐”的思想一脉相承。

清白亭

蕺山

蕺山以山中多蕺草而得名。蕺草，又叫岑草。《吴越春秋》云：“越王从尝粪恶之后，遂病口臭。范蠡乃令左右皆食岑草，以乱其气。”

春秋末年，吴楚交战，越国乘虚而入，对吴国后方发起攻击。吴王阖闾被迫回国休整，为报复越国，又率大军对越国发起猛攻。可惜阖闾过于自负，阴沟里翻船，被越国击败，并且付出了生命的代价。由此，太子夫差也与勾践结下血仇。后来，夫差亲自出征，大败越国，越王携夫人一起到吴国为奴，为阖闾守墓。

为奴三年之后，一日，夫差患上风寒，一病不起。于是范蠡占卜以辨吉凶，他看着卦象，告诉勾践：“从卦象上来看，吴王是不会死的。到了己巳日病情会减弱，到了壬申日就会痊愈。恳请大王向吴王请求去探望病情，再请求尝一尝吴王的大便，告诉他病愈之日。等到日期一到，吴王的病好了，他一定会被感动，那时大王就有望被赦免了。”

吴王果然因此举而感动，最终释放了勾践。

勾践回到越国之后，将这三年的屈辱化为动力，他下令鼓励生产，奖励繁衍，颁布法令照顾年幼及患病的人。同时，他礼贤下士、招揽人才，越国的经济很快得以发展。国力又逐渐强大起来。随后他率领三千精兵攻入吴国，生擒了夫差。正如蒲松龄的对联所言："有志者，事竟成，破釜沉舟，百二秦关终属楚；苦心人，天不负，卧薪尝胆，三千越甲可吞吴。"

东晋王羲之曾建别墅于蕺山山麓，故蕺山又称王家山。相传王羲之曾遗失一明珠，疑为老僧所窃，老僧因之含冤而死。后来王羲之发现明珠为白鹅误吞，遂舍宅为寺，并亲题"戒珠寺"匾额，以示戒绝玩珠之癖，故此山又名"戒珠山"。

蕺山有"蕺山书院"旧址，是明末学者刘宗周讲学的地方。清朝末年，蕺山书院被改建为山阴县学堂。

蕺山书院

塔山

塔山也是绍兴城内的名山之一,又名飞来山、宝山、怪山等,因山上有应天塔,故名塔山。塔山也有许多悠久的史迹和有趣的传说。据传春秋时,越国大夫范蠡督造绍兴城时,一山突然从琅琊东武海中飞来,居民怪之,称其为怪山,或飞来山。《水经注》上也记载着:“县西门外百余步有怪山,本琅琊郡之东武县山也,飞来徙此。《吴越春秋》称:怪山者,康武海中山也。一名‘自来山’,百姓怪之,号曰怪山。亦云:越王无疆为楚所伐,去琅琊山东武人随居山下,远望此山,其形似龟,故有龟山之称也。”越王勾践曾在山上建造游台,仰望天文,即今之天文台。山上有不少古迹。

应天塔

城内河

绍兴建城以来，几经演变，在明嘉靖年间形成了以河道纵横交错、水门林立连通、山水互相辉映、文化源远流长为特色的举世闻名的“水城”。

据清光绪年间绘制的《绍兴府城衢路图》，全城有河道33条，总长约60千米，大小湖池27个，河湖面积占全城的20%，以府河为纵、运河为横构成骨干水道。府河以防洪、排

府直河

涝、引水为主，上大路河、萧山街河以交通运输为主，又有东、西、南、北四条环城河，兼具防洪、排涝和交通功能，其他河道用于生活、运输和集贸。今天的绍兴城内运河分为两条航线：一条是长 3.3 千米的城内河，另一条是长 2.7 千米的城外河。

府河，是国内为数不多同城而治的界河。古时绍兴民间有“山阴不管，会稽不收”这一名谚。

水乡的生活离不开桥。八字桥建在三条河的交汇点，最晚建成于南宋嘉泰年间(1201—1204)，南宋宝祐四年(1256)重修。该桥因状如“八”字造型而得名。

八字桥历史街区内有八字桥、广宁桥、东双桥、纺车桥、龙华桥等古桥，居民临河而居，沿街穿行，形成了独特的江南水乡景观，是绍兴古城街河布局的典型代表。2001年，八字桥被国务院公布为第五批全国重点文物保护单位。2014 年 6 月，中国大运河被列入世界文化遗产名录，八字桥历史文化街区名列其中。

八字桥

05 摩崖石刻

古城

绍兴多山，又多文人，现存的摩崖石刻非常丰富。浙江最早的，也是国内汉隶单字最大的摩崖——“汉建初买地刻石”，又称“汉大吉刻石”，就在绍兴。绍兴还有不少唐代石刻，如诗人贺知章的《龙瑞宫记》摩崖石刻。《龙瑞宫记》摩崖位于绍兴宛委山飞来石，高 76 厘米，宽 69 厘米。楷书，十二行，满行十五字，字径 3.5 厘米，书法隽秀又不乏厚重，结字颇显唐人风尚，周围遍刻两宋以下题刻数十处。

位于绍兴西北的府山，又称卧龙山，唐代即有“开路记”摩崖：“贞元己巳岁十一月九日开山。”己巳为唐德宗贞元五年(789)。此“开路记”的右侧是北宋元祐戊辰年(1088)杨杰等人的题记。而在贞元、元祐两刻之下，是第三处石刻：“绍圣二年十二月，晋江吕升卿明甫，以提点刑狱摄领州事，数与宾佐宴集卧龙山。”共计 32 个字。其实，府山公园内的摩崖石刻远不止以上 3 块。另有飞翼楼下北坡岩壁多处，越王殿后岩壁上有“龙湫”两字，府山还有

府山石刻

穆得臣等题名、吴明可诗刻、汪纲题名3处摩崖。府山摩崖石刻共计有唐、宋、明、清、民国等各时期题刻12处。

绍兴另一处唐刻是景福元年(892)敕建董昌生祠题记摩崖:“唐(景)福元年,岁在壬子,准(敕)建节度□相国,陇西(董)公生祠堂……”该石刻建有石亭保护,亭额上刻有释文考证。

宝山摩崖石刻,在越城区皋埠镇宝山西南,有“松壑”“芗岩”两处摩崖石刻,隶书阴刻,保存完整。两处摩崖石刻相距约20米。宝山,明《万历会稽县志》卷二载:“在县东南二十五里下皋山东,一名上皋山。……宋南渡,梓宫攒于此山。旁有白鹿尖、新妇尖、鸡笼山、五峰、汤瓶诸山相拱卫。”

柯桥

羊山造像及石刻，在柯桥区齐贤街道。羊山经历年采石，只留下了残崖孤石。后石工凿岩成窟，雕石成佛，遂成佛在石中、石在水中之奇景。造像系弥勒佛像，为隋开皇时凿刻，下设须弥座，是从一整块石中雕凿而来，整个窟为弥勒大佛石造像所充盈。弥勒像三面环水，一面与禅院相连，造像脸形丰满。佛窟面东一侧，开有2.8米高、1.9米宽的石拱门洞，在与佛像视线同高的位置，又开石一处，有小洞口。券门上有“云门”二字。

历史上许多名士政要、文人墨客游览羊山后，都在城隍峰和灵鹫峰岩壁留下墨宝，一部分被刻在崖壁上。其中最早的当属南宋抗金名将韩世忠所书“飞跃”两字，另有明代的《羊山石佛庵碑记》，清末蔡元培与友人同游石佛寺的题记，内容及书体均十分丰富。这些不同年代、不同文字的摩崖石刻，或富于天然之意趣，或体量巨大、气势恢宏，或为名家手笔，为秀美的自然风景增加了深

羊山石刻

厚的人文内涵。

柯岩造像及摩崖题刻在柯桥区柯岩风景区内。造像坐落于一巨型孤岩之中,孤岩高 27.3 米,底部周长约 50 米。孤岩中部东南向开石龛,龛高 16.8 米,龛内雕凿弥勒佛像一尊。佛像高 12 米,通体圆雕;螺发肉髻,广额宽颊,隆鼻薄唇,双目微启,略微俯视,双耳垂肩,法相丰颐庄严;左手抚膝,右手作说法阐经印;身穿褒衣博带式袈裟,舒肩袒胸,全跏趺坐式,仪态恬静端庄,具有唐代佛教造像风格。佛前拜台刻佛教符号及六字真言。四周石栏外雕四十八尊佛像,石佛周围布满深达数十米之石宕(潭)。

柯岩摩崖题刻有10多处,多为清代雕凿。保存较为完好的有:

“云骨”摩崖题刻,位于柯岩造像之东的一座石柱上。“云骨”二字,为隶书,左旁有楷书跋语。其撰文精炼,措辞华丽,简述了柯山自三国吴赤乌年间开始采石的历史。清光绪二年(1876)刻。云骨石柱,高30余米,上宽下窄,底围4米,最薄处不足1米。顶端古柏苍翠,虬枝横斜。

“柯岩”二字,为篆书,左旁亦有跋语,清光绪二十三年(1897)会稽陶濬宣题刻。“南无阿弥陀佛”,楷书,下署大庆寺等十寺十僧敬镌,刻于清光绪二十三年(1897)。“文光射斗”,无年款,楷书。这几个题刻均雕凿在柯岩文昌阁后的峭壁上。

“紫府洞天”四字,楷书阳刻,在文昌阁后。为一小佛龛眉额。

“蚕花洞”摩崖,上为“化鹤飞来”四字,行草书;下为“蚕花洞”三字,楷书。清光绪二十九年(1903)光山熊先畴书,均刻于蚕花洞口岩壁上。

“古七星岩”,无年款,隶书;“幽胜留名”题刻,无年款,楷书。均刻在七星岩内岩壁上。

柯岩造像及摩崖题刻是绍兴古代采石文化与佛教文化相结合的一处重要遗迹。三国时期,这里曾是一处采石场,经历代能工巧匠的不断开凿,鬼斧神工般地造就了姿态各异的石宕、石洞和石壁。现有天工大佛、炉柱晴烟、

柯岩蚕花洞

石室烹泉、蚕花洞天、七岩观鱼等多处景观。其中，柯岩造像（天工大佛）、“云骨”（炉柱晴烟）等最为著名。

狗山摩崖石刻在柯桥湖塘，总共有10多处摩崖石刻。保存完好者有5处，分别是“压天苍翠”“醉八仙”“来仪峰”“云崖”“藏豹窝”。相传，狗山上有藏宝洞，如果在山顶上用力蹬几下，脚下就会发出嗡嗡之声。

上虞

罗岩山(一作萝岩山)摩崖石刻,在上虞区丰惠镇罗岩山。从右至左阴刻篆书“罗岩”二字。其中“罗”字大小为52厘米×39厘米,“岩”字大小为52厘米×32厘米,两面存四行二十六个6厘米见方的阴刻楷书字体。罗岩山摩崖石刻成于明洪武十一年(1378),是上虞现存年代最早的野外题刻。

萝岩山石崖,俗称“石抽屉”。传说早年萝岩山下有一个青年农民,以种“胡瓜”为生。有一年,他种了300多株胡瓜,长势很好,但到了收获季节,却只有一条小瓜。有一天他呆坐在瓜地里,忽见远处来了一位长老,让他第二天端午节到山西南首石抽屉那里,一边用瓜叩门,一边念“笃、笃、笃,石门开,石人老爷有信来”。次日,这位青年来到石抽屉前,如老人所言行动,突然,洞门大开,洞内全是金银珠宝。青年取足所需,匆匆离开,由此脱贫致富。但他把钥匙遗忘在洞里了,从此没人能打开石抽屉了。

夏盖山摩崖石刻，在上虞区盖北镇夏盖山顶。从东至西依次刻有“卧薪尝胆、湔雪国耻”八个竖写阴刻隶书大字，落款“中华民国二十五年五月九日中国青年励志会浙江上虞分会旅行团题”为阴刻楷书。其次是竖写阴刻草书“前进”二字，落款“中华民国二十五年六月十日上虞三近小学童子军团题”为阴刻楷书。最为醒目的是位于崖中的“还我河山”四个阴刻隶书大字，每字直径达60厘米，落款“二十八年七月一日海啸利团一周纪念全体团员举行谈心会于此敬刻四字籍作自勉”为阴刻隶书。

夏盖山摩崖石刻分布长9米，石刻主要集中在石壁中部，上面共刻有120个字。反映了当时国人对日军侵华同仇敌忾、共赴国难的浩然正气，是绍兴境内为数不多的抗战实物史料之一。

夏盖山摩崖石刻

诸暨

青山头摩崖石刻,在诸暨枫桥。摩崖面东,刻在长约1.5米、高约0.6米的岩石上。岩面经加工平整,镌有“如砥”两字,字径30厘米 ×34厘米,苍劲有力。旁有跋文:“壬戌夏初,开凿蒇工,化险为夷,书此以留纪念。蒙孙并识。”竖书阴刻行书5行。古时青山头为从枫桥去绛霞的必经之地,由于石径窄陡,人行至此,常滑跌水潭中。民国十一年(1922),民间凿石为基,将道路拓宽2米许,化险径为坦途,又请书法家何蒙孙书,并勒石以记。

鹰毛坞山摩崖石刻,在诸暨山下湖镇。石刻面北,清乾隆三十八年(1773)镌刻。整块石刻长约20米,高约2.8米,上方横镌“永宁寺总塔山”,其下镌刻“智慧宏深”四字,字径85厘米 ×90厘米,阴刻楷体。字中及两侧竖刻楷书小字11行,160字,是“乾隆癸巳仲冬永修”之铭。整组崖石字样清晰,记载了永宁寺的变迁与当地历史。

青龙山摩崖石刻,在诸暨青龙山。摩崖壁陡如削,以

鹰毛坞山摩崖石刻

平雕手法勾勒亭状线条。亭上方阑额横镌“乐善好施”4字。右侧竖刻“闽浙总督程浙江巡抚富具奏”正书小字二行，左侧有“道光十二年建”的小字一行。

嵊新

“剡中第二泉”摩崖石刻,在嵊州西白山。西白山为嵊州的最高峰,海拔约1095米。山泉自北向南流经题刻所在崖壁之下。摩崖题刻坐西朝东,刻有“剡中第二泉”5个大字。题刻离谷底约20米,题刻对岸即为下鹿苑寺基址。

嶀浦潭摩崖石刻,在三界嶀浦庙下,嶀浦潭岩壁上,内容为:“淳祐辛丑,相山王立爱,霅川陈造,山阴石保之,四山石正洪恭谒。”均楷体直书,字径9厘米×11厘米,每行5字,共25字。附近沈家湾黄岩头岩壁上也有石刻,内容为:“淳祐丙午春,乐庵陈造,竹埜王立爱,蓬莱山翁石保之,省鹤轩先生墓同来。”共29字,楷体直书,除一行4字外,余均为每行5字。两处石刻均系南宋时期题刻。

传说,过去嶀浦潭旁山湾枣树成林,故名枣树湾。后来,村里人希望村子多出有识之士,以“枣树”的谐音“招士”将村名改为招士湾村。位于该村的嶀浦潭是“浙东唐诗之路”的重要节点。

大佛寺摩崖石刻,在新昌县城区。有宋代书法家米芾所书“面壁”二字。大佛寺属禅宗临济宗,故刻“面壁”二字。大佛寺“弥勒内院”门口的石壁上“来共点”三字曾引来不少人的推测。中国佛教协会会长赵朴初认为,“点”可以理解为“点头敬礼”之意,“来共点”即大家共同向佛祖点头礼拜。

董村水晶矿摩崖题记,在新昌县沙溪镇下董村。题记面朝南,分为左右两块,左右文字竖行,每行字数不等。全文为:“中书左丞自元日至人日,亲率左右于石厂山获水晶一藏,计一万一千三百七十四斤,皆珍异奇绝者。大德二年十一月,奉旨寻采水晶,自宁海璋林至新昌之石厂,发泄地藏,贡登天朝,下阐困珍,上昭乾德,实□□□□有道之所为,□□□□□石□□□事,大德三年正月□日金吾卫□□行浙东宣慰使哈剌解。”此题记迄今已有700多年的历史,记载了元大德二年(1298)十一月浙东宣慰使哈剌解奉旨来此,采得11374斤水晶矿石的事情。次年正月,哈剌解将开采水晶的过程刻于此崖壁之上。

石门坑摩崖石刻,在新昌东茗乡“二亩山”的崖壁上。刻有当代书法家鲍贤伦《归去来兮辞》巨型作品,南向竖书,上红以醒目,宛如天然图画。站在距离崖壁15米左右处,石刻的中心线稍高于人的视线,两端正好被视角全覆盖。鲍贤伦在后记中叙述了制作此摩崖石刻的初衷:“右《归去来兮辞》,陶渊明解印归田之际所赋,沛然深宕,高蹈出尘，非逃世绝人者尤怨切蹙之语。诚两晋第一流人物之第一流文章也。高志远识，虽不能至，心向往之。”他还说：“拙书能为新农村建设服务，为营造以归田乐为主题的世外桃源型文化山水旅游发挥作用，我感到欣慰。”石刻整体长约35米，高约4米。

石门坑摩崖石刻

06 浙东运河 绍兴环城河

浙东运河

浙东运河西起萧山西兴，东南到钱清，再东南过绍兴古城至曹娥江，过曹娥江以东至梁湖，东经丰惠到达通明坝，而与姚江汇合。沿线有夏履江、漓渚江、娄宫江、富盛江汇入。之后，经余姚、宁波，汇合奉化江后称为甬江，东流至镇海以南入海。自西兴街道到镇海甬江口入海，单线全长 200 余千米。

在浙东运河的滋润下，绍兴历代以来人才辈出，如柯桥的文学家许寿裳，东湖的晚清名绅陶濬宣，陶堰的爱国民主人士、“和平老人”邵力子，光复会首领陶成章，东关的气象学家、浙大校长竺可桢，丰惠的出版家胡愈之等。2014 年 6 月 22 日，由京杭大运河、隋唐大运河、浙东运河组成的中国大运河，被列入世界文化遗产名录。2014 年 9 月，绍兴出台运河保护的区域性文件《关于加强大运河（绍兴段）世界文化遗产保护、利用、传承工作的实施意见》，在运河的管理机制、本体监测、环境景观保护等方面都作了探索和规定。

金柯桥

千百年来，浙东运河缚水为曲、楫橹作歌，滋养着广袤的宁绍平原，江南水城应运河而生，逐渐形成了一批运河古镇。柯桥古镇是绍兴市第一大镇，也是浙江著名的水乡集镇之一，因其经济发达、物产丰富、市场繁荣，素有“金柯桥”之美称。

明张元忭《三江考》说：“今山阴三十里有柯桥，其下为柯水。”柯水流经镇内街河，镇得名于桥，桥又得名于水。镇内有独山村，《越绝书》上有越王勾践在独山“自治以为家”，后“徙琅琊，冢不成”的记载。东汉时，蔡邕在此创制名闻天下的“柯亭笛”，故柯桥又名“笛里”。明朝时，柯桥成为一个繁华的集市。柯桥中国轻纺城始终位居全国纺织专业批发市场排名首位。

有机更新后的柯桥古镇于2021年元旦开街，以三桥四水、融光寺为文化内核，浙东运河、柯水、寺岔河水系为动线，设置“笛里·休闲区”“下市头·民俗文化街区”“西

柯桥古镇

官塘·休闲商业区”“大寺·古韵台门区”“山阴·风情酒吧区”“邻里·酒店住宿区”“山阴里·非遗古玩区”“布谷·创意生态区”八个功能区块，再现新生运河，进入国家重点文旅夜间消费集聚区行列。

山阴故水道

浙东运河的历史可以追溯到山阴故水道。山阴故水道为东西流向，是春秋时期越国开凿的中国最早的人工运河之一。《越绝书》卷八载:“山阴古故陆道，出东郭，随直渎阳春亭。山阴故水道，出东郭，从郡阳春亭。去县五十里。”这条故水道，西起今绍兴城东郭门，东至今上虞东关炼塘村，全长约25千米，北毗邻故陆道，南则为富中大塘。

公元前490年，越王勾践自吴返越，开始了“十年生聚、十年教训”的时期。他先令范蠡筑成了勾践小城和山阴大城，接着又采纳计倪“或水或塘，因熟积以备四方”的建议，在水资源丰富的平原东部建设富中大塘。山阴故水道的开挖，使粮食基地富中大塘、冶金基地炼塘与越国都城之间的交通联系畅通。

拥有2500多年历史的山阴故水道，流淌的是江水，也是历史和文化。山阴故水道与东、西两小江等南北向诸河相通，从而贯通山会平原东西区，并通过陆地上的涵闸设施，调节南北水位并阻隔潮汐。因此，山阴故水道的作用是综合性的，不仅在蓄水灌溉、区域航运等方面发挥着作用，更在越国政治、军事、生产、经济、文化及对外交流上都发挥了重要作用。

东汉会稽太守马臻围筑汇聚三十六源之水的鉴湖后，山阴故水道被纳入其中，成为鉴湖的一部分。

东湖是山阴故水道的一部分，因唐代诗人严维在此建园林而成为“浙东唐诗之路”的一个中转站，往返唱和的诗人众多。东关因靠近曹娥江，是著名的古渡口所在，古代曾设立东关驿，又有敕赐寺额的古刹天华寺，宋朝很多诗人流连于此，并留有诗作。古水道的终点炼塘，《越绝书》有记载：“练塘者，勾践时采锡山为炭，称‘炭聚’，载从炭渎至练塘，各因事名之。去县五十里。”较为详细地介绍了这

东湖

一军事基地的作用和功能。也因为越王勾践的故事,后世很多游览者慕名前往。

除了本身的历史文化积淀,山阴故水道沿线还集聚着很多名镇、名河、名人。山阴故水道由西向东依次流经现迪荡街道、东湖街道、皋埠街道、陶堰街道和东关街道等,其中皋埠、东关在历史上都是绍兴商贸重镇,有“银皋埠”“银东关”之誉。

五代以后,随着河道淤积加快,人口剧增,鉴湖周边盗湖造田事件频出,至南宋嘉定年间,鉴湖终至湮废。这样,山阴故水道重新显现出来,并随着曹娥江江道东移而向东延伸,又成为浙东运河的绍兴段,留存至今。

从实际来看,这条从古越国流淌而来的古老水道,无论是方位距离,还是遗迹遗址,都还能跟文献中的相关记载一一对应。

浙东运河

环城河

绍兴环城河有绍兴母亲河之称。环城河外与浙东运河、鉴湖相连,内与城中各条小河相通,环城有河,这是绍兴作为水城、古城的一大特色。有古诗称赞道:“三山万户巷盘曲,百桥千街水纵横。”绍兴城的格局是水中有城、城中有水。水是绍兴的城市之魂,借助水道演绎江南古城的文化,更是一条完美的路径。绍兴对这条长约 12.2 千米、宽 30—120 米不等的环城河进行了综合整治,在沿岸建设了稽山苑、鉴水苑、治水广场、西园、百花苑、迎恩门、河清园、都泗门等八大景点,对有关的历史文化进行了挖掘,在水环境建设和市民的生活中融入了文化理念,丰富了水环境整治工程的内涵。环城河整治工程面积达114万平方米,其中水域 60 万平方米,为古城绍兴镶嵌了一个充满生气和活力的亲水绿环,已开通环城河线、鉴湖线等旅游航线,在古城内推出“寻觅越宋古韵——八字桥乌篷船”线路,展示绍兴地方风俗,丰富旅游业态。

四十里河

上虞四十里河，西起今梁湖街道外梁湖村江坎头自然村，向东流经梁湖街道、丰惠镇，至通明船闸汇入通明江，长40余里，故民间以约数称四十里河。四十里河开凿以后，为不断提高其灌溉、防洪、航运等功能，千百年来，沿线创置了众多配套设施，包括梁湖堰、通明南堰、新通明坝、清水闸等。1979年，浙江省革命委员会批准杭甬运河工程，按40吨级航道建设。其中，上虞段经萧绍运河到曹娥老坝底入曹娥江，再从下游赵家（百官）升船机沿虞余运河向驿亭、五夫、马渚、斗门入姚江。杭甬运河建成后，运河过曹娥江后，走上虞北线，经过四十里河的船舶数量大为减少。

浙东运河上虞段示意图

浙东运河博物馆

浙东运河博物馆位于浙东运河文化园内，总建筑面积约 34000 平方米。馆内主展陈列以“通江达海、运济天下——浙东运河文化陈列”为主题，展览面积约 9000 平

浙东运河博物馆

方米。浙东运河博物馆展陈以习近平总书记关于大运河的系列重要指示精神为根本遵循，立体演绎了浙东运河2500多年的发展演变史和沿线的人文历史价值内涵；集中展示了中华人民共和国成立后，特别是党的十八大以来，浙东运河的精彩蝶变；着重展现了浙江省贯彻习近平总书记的重要指示要求，将浙东运河建设放在“八八战略”整体布局中、放在中国大运河建设体系里，干在实处、走在前列、勇立潮头，奋力推进浙东运河建设的现实实践和美好未来。

07

鉴湖

鉴湖诗赞

鉴湖原名镜湖，相传因黄帝铸镜于此而得名。鉴湖还有长湖、庆湖等别名。鉴湖是在东汉会稽太守马臻的主持下修筑成的。湖涉山阴、会稽两县（今越城、柯桥、上虞），是中国历史上最大的河湖水利工程之一。

古鉴湖南依会稽山，北至人工堤塘，东抵东小江（今曹娥江），西近西小江（今浦阳江），会稽山三十六源之水汇入

鉴湖

湿地公园

鉴湖。现在的鉴湖集雨面积600多平方千米,湖面面积达172.7平方千米。它既造就了绍兴发达的水产业,有利于平原农业的发展,又造就了绍兴的独特风光——稽山鉴水。

她是绍兴的母亲湖,亦是中国的历史名湖,距今已有1800多年的历史。这里烟波浩渺,风光如画,使历代文人墨客为之倾倒。他们三五成群,泛舟鉴湖,饮酒赋诗,留下佳话。李白说:“镜湖水如月,耶溪女如雪。”杜甫说:“越女天下白,镜湖五月凉。”陆游说:“千金不须买画图,听我长歌歌镜湖。”张思聪说:“八百湖光此地收,长桥水接鉴桥流。”

现在的鉴湖景区面积约1.47平方千米,其中水域面积占48.7%,建有东汉笛亭、南洋秋泛、葫芦醉岛和五桥步月四大景点。

五桥步月由五座小岛和五座不同类型的桥梁组成。从某种意义上说,这里的桥梁与鉴湖内的其他石桥一起,构成了一座绍兴石桥的露天博物馆。

柯亭故事

柯亭

柯亭背倚柯山，面临鉴湖，以山得名。柯者，柴禾、斧柄也。当地村民多以采石、砍柴为生，故山名柯岩。

古时候，读书人上京赶考，免不了晓行夜宿，绍兴士子在赶考路上大多选择在这柯亭里歇息，于是当地人又称柯亭为“高迁亭”。但高迁亭在中国历史上另有一个响亮的名字，叫“笛亭”。当代专家学者称它为“东汉笛亭”，这缘于我国东汉末年的一位大学问家蔡邕在此避难，以椽竹制笛的故事。

蔡邕是我国东汉末年著名的大学问家，还是位精通音律的音乐家。柯亭旁建有蔡邕祠，我们现在看到的正中壁上的蔡邕像，系用竹子精编而成。大凡人们纪念历史名人，或以泥塑，或以铜铸，或以线条石刻，或以丹青描绘，而以竹子精编人像，乃绍兴首创。

相传，蔡邕任朝中议郎时，因得罪权贵，遭到诬陷，合家被流放北方。后来汉恒帝嘉其才华，赦免了他，但他又遭五原太守报复，不得已避难江、浙一带十余年。其间，蔡邕曾来到会稽。一天，他夜宿柯亭。清风吹过，蔡邕听到亭子里响起一阵悦耳的声音，前去察看，发现声音来自亭东第16支椽竹。第二天，他将椽竹取下，制成一支竹笛，吹奏起来果然音韵绝妙。于是蔡邕就将它取名为“柯亭笛”。之后蔡邕就带着这支笛子到处吹奏，使得柯亭之名随笛而名扬天下，柯亭也被称为笛亭。

祠两边壁上还展示了焦尾琴。焦尾琴亦有一段不平常的来历：相传蔡邕曾住在一户农户家中。一天，主妇生火做饭，将一段桐木送入炉中。蔡邕听到火烧柴木之声，知其为良木，赶紧让主妇把柴木拿出来。之后，蔡邕将柴木制成琴，弹奏时琴音优美。因琴尾犹有火痕，故时人名其为“焦尾琴”。

乌篷船

乌篷船有大有小。小乌篷船一般只可乘坐3人,亦称“水上的士”,雅名叫“小画舫船”,与乌干菜、乌毡帽合称为绍兴三乌。大乌篷船相对豪华,可乘坐二三十人,雅称“画舫”,是古时大府人家出游时所乘之船。乌篷船是鉴湖的水上精灵,因为船篷漆成黑色,所以叫“乌篷船”。乌篷之间透亮的地方叫“明瓦”,所谓明瓦,是以蚌壳薄片为材料制成的可透光线的小窗篷。有三个这样的小窗篷的船,就叫“三明瓦船”,有四个,就叫“四明瓦船”。

自古代至近代,绍兴人“以舟为车,以楫为马”,离家作客、迎亲送礼、踏青扫墓、出游名胜、观看社戏等都用乌篷船。人少,用小乌篷船;人多,用大乌篷。据记载,孙中山先生乘坐过一艘名为“烟波画舫”的明瓦船。1916年8月,孙中山先生一行人渡钱塘江,来到绍兴。“烟波画舫”成了接待孙中山先生的专用船。登船后,孙中山先生坐在前舱平台的藤椅上,放眼鉴湖风光,倾听水声橹声，兴致甚佳。望着湖上众多的渔舟、渔舍、竹箔、小石桥、圆拱桥，他赞口不绝地说："山阴道上，应接不暇，真是名不虚传。"

乌篷船

古纤道

绍兴古纤道，又称白玉长堤，这是诗人和作家们给它的雅称。古时水上运输主要靠航船，航船的动力，只靠船夫用橹桨是不够的，还需要纤夫在岸上背着一条纤绳拉。河面较宽且主航道在河心的河，就必须建造临水的纤道。现在只有绍兴还保存着这样完整、精致的纤道，所以绍兴的古纤道成为国务院批准的全国重点文物保护单位。

古纤道

东鉴湖

鉴湖湖区分东西两部分，许多诗人曾在东鉴湖留下足迹。南宋的陆游是写鉴湖最多的诗人。他 83 岁时来到东鉴湖，作《八十三吟》："石帆山下白头人，八十三回见早春。自爱安闲忘寂寞，天将强健报清贫。"事实上，从陆游"往来一万三千里。写得家书空满纸，流清泪，书回已是明年事"的煎熬，到贺知章"儿童相见不相识，笑问客从何处来"的尴尬，东鉴湖始终承载着一代代人的乡愁和对家乡的眷恋。

现在的东鉴湖，包括洋湖泊、百家湖、白塔洋，面积为 50 多平方千米。从空中看去，湖水自西向东延展，百家湖、白塔洋等水澈波平，尤为开阔。在东鉴湖，很多人家开门是水，出门坐船。这里的村庄多以"泾"命名。

08 从投醪河到黄酒小镇

投醪河

绍兴地处北纬 30° 黄金带，与“世界名酒带”纬度相同，拥有得天独厚的地理条件，水土气候等适合酿酒，是中国黄酒的核心产区。绍兴黄酒的历史非常悠久，文字记载

投醪河

可追溯到春秋时期，越王勾践投醪誓师，振奋军心。千百年来，经过一代又一代酿酒人的口传心授，绍兴黄酒形成了一整套精湛独特的古法酿制技艺。黄酒作为绍兴的特产，历来受到人们重视。黄酒小镇是浙江省第一批 37 个特色小镇之一。

投醪河位于绍兴古城，虽然长度和宽度都不大，但保存得相当完整，是绍兴古城里一条具有重要历史文化意义的小河。投醪河的历史可以追溯到春秋时期。传说吴国与越国交战，越王勾践被俘后回国，发誓要报仇雪恨。在出征前，勾践接受了越国父老献上的美酒。为了激励将士，他将酒倒入河中，与将士们一起饮用。这一行为不仅鼓舞了士气，也使得这条河被后人称为投醪河。

稽山中学考古

2024年，绍兴市稽山中学越国遗址考古首次证实绍兴古城内存在大型越国建筑。这次考古还发现四组筏状地栿，每一组3平方米左右，共约12平方米。筏状地栿是古代大型建筑地基的核心构件，这些组合在一起的“木筏”，利用木头自身的韧性和水的流动性，可有效化解各种压力，实现动态平衡，确保建筑稳固。同时，这次考古首次发现墨书“會稽”“山阴”地名的汉代木刺、“会稽郡壁”砖和疑似酒器的实物。稽山中学遗址入选2024年浙江考古重大发现。

“会稽郡壁”砖

绍兴酒

绍兴酒主要有元红酒、加饭酒、善酿酒、香雪酒四大类型。一般在农历七月制酒药，九月制麦曲，十月制淋饭（酒娘），大雪前后正式开始酿酒，到次年立春结束，发酵期长达八十多天。酒以糯米为原料，经过筛米、浸米、蒸饭、摊

绍兴酒

冷、落作（加麦曲、淋饭、鉴湖水）、主发酵、开耙、灌罐后酵、榨酒、澄清、勾兑、煎酒、灌罐陈酿（3年以上）等步骤造出成品酒。酿造绍兴酒的工具大部分为木、竹及陶瓷制品，少量为锡制品，主要有瓦缸、酒坛、草缸盖、米筛、蒸桶、底桶、竹簟、木耙、大划脚、小划脚、木钩、木铲、挽斗、漏斗、木榨、煎壶、汰壶等。

以古越龙山、会稽山、塔牌为代表的绍兴酒以精白糯米、麦曲、鉴湖水为主要原料精心酿制而成。黄酒之“肉”为糯米。黄酒酿制要求选用精白度高、颗粒饱满、黏性好、杂质少、气味良好、当年产的优质上等糯米，这种糯米被称为“绍兴酒之肉”。黄酒之“骨”为麦曲。为制得优质麦曲，要选用颗粒完整、饱满、均匀，皮层薄、淀粉含量多、黏性好、杂质少、无霉变、无虫蛀的当年优质黄皮小麦制曲，确保绍兴黄酒在近三个月时间内发酵所需要的液化力、糖化力和蛋白酶分解力。麦曲主要功用不仅是液化和糖化，而且对成品酒酒质影响极大，也是形成绍兴黄酒独特香味和风格的主体之一。黄酒之“魂”为鉴湖水。绍兴黄酒所以成为佳酿，与所用的水关系很大。名酒出处，必有良泉。酿制绍兴黄酒的水一向取于水质特好的鉴湖。鉴湖水来自有崇山峻岭、茂林修竹的会稽山区，经过砂岩土一层层过滤净化，注入湖中，澄清一碧。据化验，湖水含有微量矿物质，恰好有利于某些微生物的生长，用以酿酒，极为适宜，加上广大制酒师傅的卓越技艺和辛勤劳动，使绍兴黄酒色香味出众。

绍兴黄酒被誉为液体蛋糕，营养丰富，被国家列为重点扶植和发展的饮料酒之一，也是我国首批国家地理(原产地域)标志保护产品。“绍兴黄酒酿制技艺”已被列入国家级非物质文化遗产名录。

古越龙山中央酒库占地面积达149550平方米，高大通风，四季凉爽，空气中的杂菌含量很少，温湿度均匀，有利于黄酒的贮藏陈化。古越龙山中央酒库是吉尼斯世界纪录认证的最大的黄酒酒库，藏酒1100万坛。

中央酒库

东浦酒乡

东浦古镇

东浦是绍兴黄酒的发祥地。小镇历史悠久，早在东晋末年已有聚落。两宋时期形成集镇，并日渐繁华，以酒乡、水乡、桥乡、名士之乡闻名于世。晋风越韵，鉴水流长，山之清幽、水之浩渺、景之俊秀，穿过千年的历史氤氲，历经岁月的涤荡洗礼，古镇东浦至今依然生生不息。小镇内湖泊棋布，河浜密集，桥梁遍布。街坊临河，宅第傍水，居民们沿河而居，粉墙、黛瓦、沿廊，构筑起一道独特的水乡风景线，呈现出一幅“小桥流水人家”的美丽画卷。

鉴湖畔的东浦因酒而名，因酒而兴，自古就有“越酒行天下，东浦酒最佳”之说。早在大禹时期，就有东浦酿酒的记载。宋代，东浦已成为绍兴酿酒业的中心。据说“女儿红”的前身“女儿酒”便是源自西周溇的宋度宗皇后全玖的省亲用酒。到了元代，醉酒行礼已成为东浦乡俗。明清两代，东浦境内大小酒坊林立，酒香四溢，几乎是无人不酿酒，无人不饮酒，是名副其实的酒乡醉国。于是便有了“绍兴老酒出东浦，东浦十里闻酒香”的民谚。

1915 年，云集信记酒坊的周清酒作为绍兴黄酒代表参加在美国旧金山举行的巴拿马太平洋万国博览会，荣获金奖，让绍兴黄酒声播海外。1931 年，东浦有酒坊 530 家，年产酒 34800 缸，约占绍兴黄酒总产量的 30.8%，东浦黄酒远销北京、上海、澳门等地。优越的自然条件和百年的历史积淀成就了绍兴黄酒的醇厚悠长，被称为“酒中名士”的黄酒也成就了东浦“酒国”的美誉。2015 年，绍兴以东浦和湖塘为核心，按“一镇两区”的模式创建黄酒小镇。2022 年，中国国际黄酒产业博览会落户小镇。

安昌民俗

安昌位于柯桥区北部。唐末钱镠在此地平董昌之乱，名其为安昌。安昌素以经济富庶、文化昌盛著称，现存老街开市于明弘治二年(1489)，古镇区域保护完好，酒俗酒风氛围浓郁。2005年，被建设部、国家文物局列为第二批中国历史文化名镇。

一条河把安昌分成南岸和北岸，河之南为民居，河之北是商市，两岸之间有古桥相连。老街全长约1747米，至今保存完好，我们一般也称之为三里长街。这里的建筑基本都有二百余年的历史，脚下的青石板早已被磨得光亮圆滑。一年一度的“腊月风情节”举办时，有许多特色小吃沿河售卖，集中展示着安昌的文化底蕴。

安昌有一座寺桥，又名普安桥。因桥南有安康寺，故称寺桥。桥长约13米，面宽约1.9米，净孔约4.2米。桥上牝牡相接的桥墩石、仰莲雕饰的望柱头、折枝花纹的抱鼓石望柱，透露出浓郁的佛教色彩。寺桥建于元代，系古镇现存最古老的石桥。目前，桥面台阶石板已呈现凹形，磨损约5厘米，桥洞石墩棱角已成光滑弧形状，足以佐证其建造年代之久远。

安昌有不少特产，尤以腊肠最为出名。安昌腊肠以冬季所制的为佳。要制作出好的腊肠就要用优质猪小肠制作肠衣，灌以猪后腿精瘦肉切成的小块。腊肠都是当地居民手工制作，香肠灌好后就挂在自家房前的河边，这里通风条件好，可以很快吹干水分，便于保存。一到了腊月里，一串串腊肠挂在门前，自然就成了一道佐酒美味。

安昌腊肠

安昌是绍兴师爷荟萃之地。俗话说“天下师爷出绍兴”。师爷是帮助官员做事的幕僚，民间统称为“师爷”。

一直以来，人们对绍兴师爷的印象不好，认为他们"一张苦嘴，一把笔刀"，奸刁乖巧，以笔刀杀人。然而，大家在绍兴师爷馆所看到的却是另一番情况——简陋的生活设施、端正的生活作风、严格的规章制度、严谨的行为谈吐等，这一切，似乎与印象中的绍兴师爷天差地别。师爷首先在人品上要过硬，要立得正行得端，更要精熟业务；其次，师爷必须具备洞达世事、周旋自若的能力；再则，师爷这一行业有严格的准入制度及业务操守。因此，真正的绍兴师爷大都非常清高而正直。

09 石宕故事

采凿

开采石料石材的地方叫“石料场”，绍兴人称之为“石宕”。绍兴有丰富的石矿资源和较为特殊的石质条件，绍兴的石宕采凿历史可追溯到春秋时期。绍兴过去有会稽石、柯山石、东湖石、羊山石四大石材。绍兴石宕的开采区域，主要分布在绍兴境内的尧门山、羊山、柯山、吼山，新昌县的洞林、西坑，嵊州施家岙等地。此外，萧山境内古海塘沿线的航坞山北麓也有石宕遗存。

据史料记载，春秋时期，绍兴石宕生产的“条石”“塘石”“桥梁石”“坟石”“柱石”以及“石板”等石材，已在各建筑领域里广泛应用。历代匠人在此开采石材，在修桥铺路、建房建墓、筑亭竖碑的同时，还匠心独运、因地制宜，把采石后的残山剩水改造成独特的自然景观。

按石材和用途来分，石宕可分为板宕和细石宕，板宕以生产板材为主，主要用于铺设路面、修筑石萧墙、踏道、桥梁、碑亭等；细石宕专取大料石材，主要用于建筑柱石、桥梁石、石门楼、石窗，以及雕刻狮、神、人等形象。在古代，运输业不是很发达，从外地运进石料建造石桥，成本很高，所以，石桥大多选用当地石料营造。除了柯岩蝙蝠洞、新昌石宕村洞林等处石宕为洞穴式开采外，多数石宕为露天开采，即自上而下敞开式采凿，如东湖、柯岩、羊山等。

在建筑上，绍兴多台门，台门外围的基础墙几乎都采用了石销墙，有一板、二板、三板、四板甚至五板销墙。石销墙的结构类似于水闸，立柱和盖石上有槽，石板销在里面，既防盗又防潮。

东湖

东湖

东湖位于绍兴古城东，以秀美的湖光山色和突兀的石景而闻名。远远望去，东湖极似一尊伫立于碧波之上的硕大盆景。因为有着丰富的人文内涵和俊秀的自然景观，所以东湖与杭州西湖、嘉兴南湖并称为浙江三大名湖，享有“中国第一水石盆景”的美誉。

东湖原是一座青石山，与越中诸峰同属会稽山脉。相传在公元前210年，秦始皇东巡至此，曾采摘山上的箬草喂马，所以山名为“箬蒉山”。山石成分简单，结构密致，石料色泽丰富，五彩斑斓，便于石匠开凿雕琢。因此从汉代起，石工相继在此凿山开石，经过一代代石工的鬼斧神工，这里遂成为险峻的悬崖峭壁和奇特的洞穴深潭。

晚清时期，陶渊明的第45代孙会稽陶堰乡绅陶濬宣到箬蒉山一带考察，陶醉于此处的山水，购买此地。后经巧妙设计，使原有景观中最有特色的地方凸现出来。利用原有的山、水、洞与修建的桥、路、宅、亭，点缀出一个个更富色彩和魅力的景观。

东湖石景以仙桃洞、陶公洞最为有名。

仙桃洞因形状酷似桃子而得名。洞能通船，舟行其间，仿佛天开。洞口有一副对联：“洞五百尺不见底，桃三千年一开花。”陶公洞距离山顶47米，入口处仅容一条小船经过，四周都是采石留下的光滑石壁，仰望天空，有坐井观天的感觉。1962年，郭沫若先生来东湖，写下文字：“箬篑东湖，凿自人工。壁立千尺，路隘难通。大舟入洞，坐井观空。勿谓湖小，天在其中。”

被誉为绍兴“三乌文化”之首的乌篷船也是东湖的特色。船工师傅头戴乌毡帽，还保留着爱喝绍兴黄酒的传统，他们是历史文化的见证人。但事实上，生活在水乡绍兴的

仙桃洞

陶公洞

人们，不管男女，都会使用这种手脚并用的交通工具。

船在水上漂，如在镜中游。当我们置身船中，伴着潺潺的水声和欸乃的桨声，听着东湖景区的美丽船娘用那吴侬软语娓娓讲解，看着如鬼斧神工造就的奇岩幽潭，那满眼的苍翠，那轻盈的身姿，让人仿佛置身于仙境之中。

除了拥有旖旎的湖光山色外，丰富浓郁的人文内涵更使东湖声名远播。

陶濬宣认为“国兴于治，治端于学，非自强不足为国，非育才不足自强”，因此在东湖修建完工后，他创办了东湖书院，聘请寿孝天、陶成章等越中名士为师。书院最盛时拥有学生一百多名，气象学家竺可桢曾就读于此。陶成章遇害后，陶濬宣还在东湖为他设立了纪念祠——陶社，以缅怀这位辛亥英侠。

吼山

吼山，位于绍兴古城以东的皋埠，原名“犬亭山”，因勾践在此地养犬而得名，又名“狗山”。后取当地方言谐音，改名“吼山”。

吼山是绍兴的一颗文化明珠。越国文化、运河文化、浙东唐诗之路文化、宋韵文化在此叠加。自汉代以来凿山采石，吼山形成了以奇山、怪石为代表的独特自然景观。每年“桃花节”时，游客如织。

吼山

柯岩

柯岩在三国时期曾是一处采石场,历代匠人不断采石,鬼斧神工般地造就了姿态各异的石宕、石洞、石潭、石壁等石景。宋代已成为览胜之地。目前已形成柯岩、鉴湖、鲁镇等三大景区,是近年来绍兴规模最大、功能最全的风景旅游区。

步入柯岩正门,一座古朴的石亭迎面而来,亭中石碑上“柯岩绝胜”四字据说为王羲之手迹。右首照壁前有一净池,池水清澈如镜,为善男信女拜佛前净手所用,意为洗净尘世所染污垢。

沿石板路继续往前走,低头可见石板上刻有形状各异的莲花。莲花在佛教中比喻法性纯洁无瑕,三步一莲花,也含有“脚踏莲花步步高”之意。在这里可以看到迄今为止国内最大的石莲花,半径9.9米,由99块巨石拼接而成,象征“九九归一”。石莲花右侧是回音壁,这是国内最大的砖雕回音经壁,上刻佛教大经《金刚经》。经在佛教中是智慧的意思，《金刚经》就是无坚不摧的智慧。

再向前走，便是柯岩造像。柯岩造像为弥勒佛盘坐造像，为浙江四大石佛之一。

柯岩造像东侧就是被誉为“天下第一石”的云骨。这块高入云表的石柱，是石工们采剩了的柯山。云骨又名“炉柱”，远观宛如一柱烟霭袅袅升空，故称“炉柱晴烟”。

绕过云骨，可以看见一组气势恢宏的仿唐式建筑，为圆善园。

云骨

羊山

羊山在柯桥齐贤。羊山石的开采，远比其他地方要早。因为羊山石石质坚硬，抗压性好，蕴藏量大，且羊山离海较近，为围筑海塘，故早在春秋时期已有人在羊山采石。《越绝书》载：“石塘者，越所害军船也。塘广六十五步，长三百五十三步。去县四十里。”用今天的话来说，石塘是越国所辖的海军军港。明嘉靖十五年(1536)，为进一步整治西小江，知府汤绍恩主持建造二十八孔的滨海大闸三江闸，使西小江成为一条内河。羊山东南的狭[illegible]湖避塘，其所用石料亦采自羊山。避塘与纤道类似，横穿湖面，风起时，避塘的一侧湖面有浪，另一侧无浪，船可从避塘桥进入无风一侧的湖面避风。

羊山四周群峰迭起，有龟峰、拇指峰、鸭嘴峰、骆驼峰、天柱峰、锦屏峰；山内岩石突兀起伏，有数不胜数的石宕、水潭，是绍兴一处罕见的石景。

10 孝德园 曹娥庙

上虞县名

上虞是孝文化的源头。生于上虞的舜帝,不仅以德政举世,而且以孝悌感动家人。东汉少女曹娥投江救父,孝感动天。舜和曹娥,各领二十四孝男孝与女孝之首。上虞有谚语:“虞山舜水,孝傲江南”;“百官舜为师,百事孝为先”。讲的是中华孝文化的故事。

四千多年前,舜出生于虞地。据说,舜 50 岁时,尧帝让舜摄政,丹朱作乱,舜避丹朱回故乡,百官相随,留下许多遗迹,“舜与诸侯会事讫,因相娱乐,故曰上虞”。从此有了“上虞”县名和“百官”镇名。舜 61 岁承尧践帝位,在位 39 年,近百岁“南巡狩”江南,到过上虞故乡,后来在湖南苍梧去世。

这里有许多有关舜的遗迹,有舜的出生地虹蚪村、握登山,有舜驾象耕作的象田山、象田村,有舜的渔猎地渔浦湖,有供储处粟里,有舜隐居过的隐岭和舜井、百官桥(舜桥),有舜登临过的指石山、龙山,有舜的后裔丰惠夹塘、姚氏《古虞姚氏宗谱》和姚氏祠堂“耕山堂”等，还有人们为纪念舜帝而命名的舜江、小舜江，有两座大舜庙。上虞还有许多有关舜的传说和民俗，这里修建有国内最大的孝德园。

孝德园

走进孝德园，是宽阔的虞舜广场，正对鹊来石的地方，有一群巨大的铜铸大象，点明虞舜"象耕"的主题。舜帝象耕群雕由艺术大师韩美林设计创作，它以恢宏的气势反

舜耕群雕

映大舜披星戴月驭群象耕作的场景。象群由十五头大象组成。大舜立于一头大象背上，右手擎托日月星辰，左手把握石犁，辛勤耕作。整个群雕长约 65 米，高约 26.4 米，大舜身高约 9.6 米。这是国内最长的城雕，也是世界上最大的大象城雕。这一巨雕用了 1 万余吨花岗岩毛石，这些毛石被分成 1251 块，在河北省制作后，用 51 辆 30 吨大卡车才运完。

中国孝德文化馆

曹娥江

曹娥江古称舜江，别名剡溪、上虞江。上游有澄潭江、长乐江、新昌江、黄泽江汇入，依次流过新昌、嵊州、上虞、越城、柯桥，干流全长约197.2千米，流域面积约为6080平方千米。上游分别建有长诏、南山、汤浦、钦寸四座大型水库。流入上虞后，江面开阔，水流平缓，纵贯上虞全境，注入杭州湾。

曹娥江流域有虞山舜水，钟灵毓秀，如诗如画，是中国最具诗韵的古游道——“浙东唐诗之路”的主干线，仅唐代就有近400位诗人泛舟江上，逐波吟咏，或登览赋唱，人在舟中行，犹如画中游。几千年流淌不息的曹娥江，古朴又豪迈，温顺又粗犷。她孕育了卓绝的越文化，沉淀了辉煌的上虞史。自虞舜、大禹治水到开凿萧绍运河、浙东运河，构筑百沥海塘、萧绍海塘，实施海涂围垦，上虞人民在曹娥江水利史上留下了一串串坚实的足迹。

曹娥庙

曹娥庙是为纪念东汉孝女曹娥而建的庙宇。东汉汉安二年(143)端午节,曹娥的父亲曹盱在江上祭祀潮神,不幸落水身亡。年仅14岁的曹娥悲痛欲绝,为寻父尸,昼夜沿江号哭,17天后便投江寻父而死。5天后,曹娥背负父尸浮出水面。她的孝行感动乡里,众乡邻为其立碑建庙以示表彰。为纪念曹娥,把舜江改称曹娥江。相传自从那时以后,曹娥江不管如何水急潮猛,江水奔腾咆哮,一到曹娥庙前,立即变得无声无息,仿佛愧对孝女,悄悄逝去。出于对曹娥孝行的缅怀和纪念,每逢她投江救父之日,各地群众便自发地汇聚。每年农历的五月十三日至廿二日曹娥庙庙会期间,这里热闹异常。

现在的曹娥庙是民国时所建。面朝曹娥江,背依凤凰山,坐西朝东,占地6000余平方米。北轴线依次为石牌坊、饮酒亭、曹娥碑、双桧亭、曹娥墓,中轴线依次为照墙、御碑亭、大山门、正殿、后殿,南轴线依次为小山门、戏台、土谷

曹娥庙

祠、沈公祠、东岳殿、阎王殿。

照墙前的御碑亭，有宋代至清朝曹娥庙受到各朝皇帝的六次敕封，分别是灵孝夫人、昭顺夫人、纯懿夫人、慧感夫人、福应夫人、灵感夫人。曹娥庙至今还珍藏着六次敕封的黄金印一方，充分反映了曹娥事迹的影响。曹娥庙有壁画、雕刻、楹联、书法四绝。天井两边庑廊墙上绘有 42 幅水墨画，全称为《曹江孝女神迹图》，又称《孝迹图》。每幅宽 0.8 米，高 1.6 米，主要描绘曹娥一生的事迹，绘画线条流畅，栩栩如生。

正殿是纪念曹娥的主要场所，处于全庙中心，高 18 米，宽 21 米，进深 25 米，顶作硬山式。正殿共有 42 根合抱石柱和4根木柱。明间的四根顶梁金柱高15米,直径0.6米,木质坚硬若铁,是用珍贵的南洋红木制成的。外翻的三道卷棚,既在结构上为减柱造法提供了便利,增大了空间容量,同时更增强了建筑庄严肃穆的氛围。

后殿为双亲殿,这里是供奉曹娥父母的地方。后殿结构与正殿相似,三十二扇朱添大门厚重严实,别具神韵。上部统一为花格长窗。下部的中窗、裙板都密布浮雕,题材主要是山川、舟桥、建筑、人物、树木、花鸟等。

前后殿之间的天井里,有一座刻着"宋美龄女士敬助"的铜香亭。1929年,蒋介石曾与夫人宋美龄及随从来过曹娥庙,蒋介石亲自题了"人伦之光"匾额。曹娥庙内的"曹娥碑"在我国书法史上占有重要地位。曹娥碑最先为东汉邯郸淳所撰写。东晋王羲之、北宋蔡卞、明代董其昌、清代王作霖及钱泳也先后为曹娥写碑,现在只有蔡卞所书的宋碑保存下来。

凤鸣山

凤鸣山是曹娥江沿线自然风光中最为靓丽的一处，沿山分布着凤鸣坊、凤来亭、神龙穴小桥、仙马思凤、观梅亭、悬石飞瀑、千年古藤、仙姑洞、魏伯阳炼丹遗址、真人祠等景点。凤鸣山有很强的地磁，是气功爱好者追源谒祖和锻炼强身的好地方。

凤鸣山最壮观的景点是悬石飞瀑，也称绩麻槽。“悬石飞瀑”以“拔地万重青嶂立，悬空千丈素流分”的壮观场景，吸引历朝文人墨客前来。

相传，很久以前，上虞大部分地方还淹没在海水里，凤鸣山还是露出海面的岛屿。附近一户人家的女儿因父亲外出，受到后母的虐待，便独自跑到凤鸣洞里修行。她的父亲回家后发现女儿不见了，便四处寻找。一天，他在一个山坳里，看见女儿正在打坐。他大声呼叫，拾起两块大石头向女儿抛去。只听得轰的一声，那片山崖竟然动起来，把父亲挡在外面，而女儿已隐入洞中无影无踪。崖间形成了高 10 余米的石洞，洞顶有一块硕大巨石，瀑布从洞顶飞泻而下，成就了当地奇观“悬石瀑布”。

凤鸣山

11 白马湖春晖学校

白马湖

白马湖

白马湖在上虞东北驿亭，杭甬铁路从湖的北边经过。“白马湖并非圆圆的或方方的一个湖……是曲曲折折大大小小许多湖的总名。”白马湖素以景色秀丽迷人、文化积淀深厚著名。白马湖南北狭长，周20余千米，蓄水量

137万立方米。文学家朱自清曾这样介绍白马湖:“湖在山的趾边,山在湖的唇边,他俩这样亲密,湖将山全吞下去了。吞的是青的,吐的是绿的。”

白马湖的命名有许多故事。4000多年前,虞舜避丹朱到上虞时曾在此渔猎,故名渔浦湖。而据《水经注》载:“白马潭,潭之深无底……百姓以白马祭之,因以名水。”另有一种民间传说:金兵南侵时,康王赵构避难至此,有白马负之过湖。还有人说,晴天登高望湖,湖面似一匹奋蹄奔驰的白马。无论哪一说,此湖得名均源于白马。

其实,在绍兴,像白马湖这样美丽的湖很多,真正使白马湖名闻遐迩的是白马湖畔有一所百年名校——春晖中学。朱自清、朱光潜、夏丏尊、丰子恺、刘熏宇、匡互生、刘叔琴、王任叔、陈兼善、方光焘、吴梦非、冯三昧、张孟开、范寿康等负有盛名的一代大师曾在春晖执教,蔡元培、黄炎培、何香凝、陈望道、张闻天、俞平伯、柳亚子、李叔同、张大千、叶圣陶、胡愈之、廖承志、吴觉农等一批社会名流在白马湖留下过足迹。

白马湖风景靓丽,曾吸引唐代诗人孟浩然留下名句“东旭早光芒,渚禽已惊聒”。而当湖畔有了春晖中学后,这里的新文化运动波澜涌动,形成了灿烂的白马湖文化。夏丏尊的《白马湖之冬》、丰子恺的《山水间的生活》等美文被称为“白马湖作家群”的代表作。

白马湖又是物产和旅游资源丰富的好地方。它所在的驿亭镇是历史古镇,地处水陆交通要冲,也是鱼米之乡。现驿亭镇由驿亭、五夫、横塘三个集镇组成。五夫因唐代出过5个大夫而得名,宋代名相李光也是五夫人。近现代的上虞乡贤经元善、经亨颐和经叔平等都出身驿亭望族。五夫、驿亭多平原,横塘则以丘陵为主。白马湖处在平原丘陵之间,这一带是上虞优质水产基地,被柳亚子赞为“红树青山白马湖,雨丝烟缕两模糊”。

二都杨梅

白马湖东南的丘陵山地盛产杨梅，以横塘二都品质最佳，这是上虞的名优特产。这里的杨梅生产已有 1500 多年的历史，以果大、色艳、滋润、味美而闻名遐迩，有“越中果品第一案”的美称。

梅都

二都杨梅

二都杨梅中的一个稀世珍品——水晶杨梅，俗称白沙杨梅，曾作为清代慈禧太后的贡品。产出贡品水晶杨梅的那棵树现在还在，至今已经有一百多年的历史。这棵杨梅王所在的上虞二都森林公园，有杨梅林 1.6 万亩。“五月杨梅已满林，初疑一颗值千金。”在这里观赏、采摘、品尝杨梅时，人们会情不自禁地把它称为“人间仙果”。

春晖中学

1919 年,教育家经亨颐任浙江第一师范学校校长,推动创办一所私立中学,作为他教育改革的试验地。他找到关心家乡教育事业的乡贤王佐商量。王佐是晚清举人,满腹经纶,连进士出身的蔡元培也曾拜他为师。经亨颐把在家乡创办中学的想法告诉王佐,两人一拍即合,第二天,两人去拜访陈春澜。此时,陈春澜已办有春晖堂,经王与经说动,觉得可行,便嘱经亨颐写份计划书。王佐念陈春澜无子嗣,说他若能舍巨资兴中学,弟子便都是他的子孙。于是陈春澜不但同意经亨颐 10 万银元的开办费,还追加 5 万银元作为办学基金,又把原打算扩大春晖学堂高小部的基金一并划给春晖中学,于是共有 20 万银元作创办费。陈春澜当时已 83 岁高龄,便委托王佐等 11 人组成校董会,经亨颐任首任校长。校董会一致建议校址选择白马湖。

白马湖环境美丽清静,交通便捷,当时已通铁路,车站即在春晖马路口。白马湖是“四象一马”的风水宝地。明代刘基曾到过白马湖。他举目远望,但见三面青山将白马湖紧抱怀中,景色迷人,如四只大象护着一匹白马,认为此乃“四象一马”的风水宝地。他又见湖边渔浦村口2棵巨大的木莲藤在桥头相互缠绕,认为此乃“二龙戏珠”。

仰山楼,曾是春晖中学的标志性建筑,楼面对着象山,从空中俯瞰,犹如背向的“山”字,故取名“仰山楼”,有“高山仰止”的意思。上下走廊用圆拱装饰。仰山楼共12个教室,其中两端上下四个是大教室,曾经作为实验教室和音乐教室。楼上有一个可坐200余人的大礼堂。

1994年,人民教育出版社选择全国20所知名中小学,编辑名校丛书,春晖中学是浙江唯一被选中的历史名校。

春晖中学

平屋

平屋

春晖中学校外名人故居带保留有优秀近代建筑 9 处，最北边的是夏丏尊的故居平屋。1922 年，夏丏尊应经亨颐校长之邀到白马湖，在湖边造了四间平房，取名“平屋”，寓平凡、平淡、平民之意。夏丏尊先生的名字“丏尊”的来历颇有意思。他原名铸,字勉旃。民国元年(1912),杭州搞议员选举,他不想当官,故意把"勉旃"改成音相近的"丏尊",这样容易使选民把"丏"字误写成"丐"字,造成废票。夏先生的平屋哲学就是"穿一件夏布长衫,教其书,写其文,不愿当官,不想立名,只愿平淡终生"。

平屋是现白马湖名人故居带中真正由主人自己设计、建造的故居,夏丏尊常在此居住、写作。夏先生去世后,他的后人也一直在此居住。1991 年,先生的亲属将故居捐赠给上虞市人民政府,开辟夏丏尊先生纪念室。紧贴夏丏尊故居的是文学家朱自清的故居,三间平房简简单单。朱自清在此写下了《白马湖》《春晖的一月》等美文。

晚晴山房

晚晴山房

晚晴山房始建于1928年，原址在“春社”西侧半山坡，为弘一法师（李叔同）所建的禅居。依山傍水，近则烟柳，远则云树，地理优势自不待言。小径两侧栽植树木花草，浅灌木郁郁葱葱，偶有鲜艳花朵从碧绿枝叶间张望，探听人间虚实。高大者如香樟、女贞、苦槠、枫杨，华盖亭亭，仿若汲足了大师的性情，缄默沉吟，只管护定小小的山房，淡看白马风云，晚晴朝夕。

当年弘一法师坐在山房默诵经卷，静心修行，那湖山声色，校钟时鸣，甚至于春晖中学的琅琅书声，也不能让大师移步下山。他在《题陈师曾画荷花小幅》中说过："一花一叶，孤芳致洁。昏波不染，成就慧业。"大师喜欢一句诗："天意怜幽草，人间重晚晴。"晚晴山房由此而得名。

12

东山
覆卮山

东山

唐朝诗人刘禹锡有诗云:“朱雀桥边野草花,乌衣巷口夕阳斜。旧时王谢堂前燕,飞入寻常百姓家。”这“王谢”指的就是东晋宰相王导与谢安。西晋末年,谢安祖父谢衡为避战乱而南下,在上虞东山定居。东山在上虞上浦境内,曹娥江东岸,距百官约 13 千米。这里也是浙东唐诗之路上的枢纽之地。东山不高,却十分诱人,特别是临江山崖上有一块指石,突兀斜向耸立,高一丈余,直指江对岸琵琶洲,曾有“指石弹琵琶”的美丽传说。

传说乡民小翠、小刚互相爱慕,为了躲避地主的强抢,小翠投江自尽。得到消息时,小刚已汆到小舜江口。他似乎听到了小翠叫他的声音,停在小舜江的出口处,再也不走了。只见小舜江与曹娥江的交汇处马上被洪水夹带来的泥沙堆起一个沙洲,其形状像小刚平日常弹的琵琶。小翠被冲到沙洲彼岸的东山山脚,小翠没有死,拉住山脚的藤棚,嘶声地叫“小刚……”只听得山崩地裂一声巨响，一只大手自岩壁伸出，拉住小翠的衣领，轰隆一声，石洞紧闭。尽管小翠用力挣扎，但无济于事，只有几根手指露在洞外。不料晴天一声霹雳，当啷一声，小翠的半截“手指”掉入江中，形成了“指石弹琵琶”的景观。

每至春日夜晚，山上山花芬芳，在皎洁的月光下，曹娥江江水波光粼粼；岩壁上的“指石”缓缓地伸向彼岸，去拨动江边琵琶的琴弦。

东山山岗平缓开阔，四周群山环抱，脚底江水涌流，的确是块风水宝地。谢安20岁时曾应宰相王导之邀做过相府“佐著作郎”，不久便托病归隐上虞东山。谢安在

东山

隐居东山期间,按其祖父留下的东山建设图,精心构建了“明月堂”“东眺亭”“西眺亭”“白云轩”“始宁园”等亭阁居所。

当时一大批名士常到东山与谢安交游。如高士许询,名士刘琰、孙绰、阮裕、殷融等,他们与谢安年轻时即成知交。刘琰还亲自将胞妹介绍给谢安为妻。比谢安长17岁的王羲之,在谢安隐居期间从京城来到会稽任职,头一件事就是探望隐居东山的谢安,同来的还有王羲之的儿子王献之、王徽之等。他们“出则渔弋山水,入则言咏属文”,把酒临风,何等欢悦。

东山再起

成语东山再起与东晋名人谢安有关。谢安曾五次坚辞朝廷征召，甚至顶住了朝廷下令“禁锢十年”，不准出仕的巨大压力，在东山教养子侄，修身养性。如此在东山隐

谢安像

居达20余年。直到东晋升平四年(360),40岁的谢安,觉得“世道未夷,志存匡济”,才出山应诏,立志为国家作些贡献。他曾在征西大将桓温处做司马,不久任吴兴(湖州)太守。后简文帝为防桓温篡权,任谢安为侍中,再升谢安任吏部尚书、中护军、卫将军,直至宰相。谢安出山后,干了两件关系国运的大事:一是他足智多谋,巧妙粉碎桓温的篡位阴谋,调和朝廷各种矛盾,巩固东晋王朝;二是谢安仅以八万兵马,面对苻坚夸口“投鞭于江,足断其流”的八十万大军,运筹帷幄,指挥弟谢石、侄谢玄、子谢琰等谢氏功臣,决战淝水,取得淝水之战大捷,保住东晋江山,创造了以寡胜众、以弱胜强的典范。于是便有“东山再起”的典故,上虞东山也更有了名气。1600多年来,东山作为一种文化现象,流传不绝。多少文人雅士登临东山,追寻魏晋遗风。诗仙李白数次上东山,留下了不朽诗篇,如“安石在东山,无心济天下”,又有“欲报东山客,开关扫白云”。

谢安之后,东山谢氏家族人才辈出。其中谢灵运作为我国山水诗的开创者,在文化史上占有极高的地位,东山至今留有谢公祠、太傅墓等古迹。

东山雅聚

东山的故事很多，今上虞有东山雅聚雕像，共有 12 人。立于中间者就是谢安，其左为名士许询，是当时的玄学领袖之一，其右为东晋名僧支遁。核心人物即是挥笔展纸的王羲之，其右为玄言诗代表孙绰和山阴令虞谷，其右为上虞令华茂。群雕左侧一组人物中，自右至左分别是：王羲之之子王徽之；谢安的侄女谢道韫，被称为“咏絮才女”；王羲之七子王献之，著名书法家，与父并称“二王”；王羲之二子王凝之，谢道韫的丈夫，曾做过会稽内史等官；谢安的侄子谢玄，是淝水之战的大功臣。

这些人物，是当年参加东山雅聚的代表。谢安能够“东山再起”，实在有这批雅聚东山的名士们助力。

覆卮山

覆卮山

覆卮山位于上虞、余姚、嵊州三地交界处。据当地山民传说，600多年前的一天，明朝国师刘伯温仙游至此，被眼前美不胜收的景色所沉醉，便坐下歇息，一饱眼福。在朦胧之时，他眼前突然飘来一位白发银须的老者，两人认为在此相见是缘分所至，便坐在一起纵谈起天下事来，因话语十分投机，两人无所不谈。他们发现两人有共同的癖好——下棋，就在山顶平地对弈起来，不知下了多少时间，胜负难分。其间，刘国师拿出了备用的酒菜和老者边品尝边对弈。正尽兴时，发现菜肴尚有，但佳酿已无。待转身想再找佳酿时，那老者已飘然而去。无奈，刘国师无趣地将盛酒器具——卮倒放在那里，扬长而去。后来，当地人民便把此山命名为覆卮山。

覆卮山山奇。山高而尖，耸立在荫沄溪旁，兀立于群山之上，主峰 861.3 米，乃上虞第一高峰。春夏间常见烟云缭绕，冬季则又白雪皑皑。覆卮山石奇。覆卮山顶上，草木稀少而多岩石，最有名的是直立如柱的七丈岩、一分为二的裂石岩、平整如盘的棋盘岩，还有峰窠岩、鹁鸪岩。覆卮山水奇，这里有丰富的地下水。水量最大的地方是东澄、梁宅、平岗、鼎山四村，约 1500 亩梯田就靠这部分水灌溉。目前开发的冰川漂流位于覆卮山脚的隐潭溪（许岙至青山段），全长 3.2 千米，两岸悬崖峭壁，苍松翠竹，是难得的休闲运动胜地。

石浪

覆卮山间有呈“川”字形的大大小小的石河数十条，村民称它为“石浪”。这些石浪形态各异，有的似猛虎下山，有的似巨狮怒吼，有的似蜜蜂垒窝……往往长达七八百米，气势壮观。据地质学家考证，这些巨石为第四纪冰川遗迹，具有不可估量的科研价值，也是不可多得的旅游资源。

覆卮山石浪

13 东白山

东白山

东白山

东白山位于诸暨、东阳、嵊州交界处，距诸暨城东南 37 千米，是会稽山脉主峰。东白山自然保护区是浙江省第一个以经济树种（香榧）种质资源为保护类型的自然保护区，主要景观有高山草甸、日出、云海、雾凇、峡谷、瀑布、古香框林等,已成为周边户外运动爱好者的打卡热点。

会稽山脉自西南向东北延伸,跨越东阳、义乌、诸暨、嵊州、柯桥、越城、上虞,长约 90 千米,宽约 45 千米。东白山主峰太白尖在诸暨、嵊州、东阳交界处,为诸暨和东阳最高峰,也是浙中最高峰。西白山主峰少白尖则是嵊州最高峰。古人受时空局限,只知道西白山位于嵊州西面,东白山位于诸暨东面,却不知道两座山峰的差异。直到如今还有很多人混淆两座山的地理位置,甚至以为是同一座山峰。其实,两座山峰互相对峙,相距约 10 千米,并不是同一座山峰。

西白山

西白山旧称太白山，传说因李太白云游此处而得名。自葛玄、葛洪在此结庐炼丹开始，西白山即为道教名山，方士云集。沿山脚小径蜿蜒而上，层林叠翠，茶园飘香，漫布峰峦的忘忧草被余晖镀成金色，这样的景色就是“西白忘忧”的来历。西白山风清气爽，石桥幽泉，水光山色，构成了一幅风光旖旎、雄伟壮观的山水画卷。

西白山

东白湖

东白湖地处东白山麓，因东白山而得名，蓄水量约1.16亿立方米。东白湖是诸暨市一级饮用水水源保护地，湖区青峰屏立，林木苍翠，云雾缭绕，植被覆盖率达90%以上。

传说，南宋时期，东白山下连年灾荒，有位白发仙人在一棵百年柳树下施展法术，开出山塘蓄水救灾。人们

东白湖

为纪念这位仙人,在当地建造了一座柳仙殿,祈求旱涝保收。1977 年 3 月,诸暨投入大量人力物力,在当年柳仙作法挖湖之处动工兴建陈蔡水库。1984 年 7 月,水库建成发电,面积达 4 平方千米,最深处 94 米。2005 年 1 月,东白湖周边各乡合并为东白湖镇,陈蔡水库也改名为东白湖。

东白湖是浙江省生态旅游示范区。区内生态环境优美,人文底蕴深厚,历史遗存丰富,有东白湖、东白山、斯氏古民居建筑群、裕昌民间艺术馆、香榧森林公园南园、越红茶叶博物馆、斯舜梅园、西岩瀑布等多处景点。

东白山景观

东白山地处浙中，可以从诸暨、东阳、嵊州等不同方向登山，不同路线各有特色。从诸暨方向出发，沿着东白湖右侧前进，至南三江右转，经殿口村、戈树湾、蒋村、凉帽山，至廖宅村新屋基，开始登山，途经迎客亭、听泉亭、七夕亭、龙门顶、探月亭，登上太白尖。沿着诸东线，经璜山镇、陈宅镇，沿石壁湖左侧前进，至鹭鸶岭头，转向南园尖，经东白山茶场，登上太白尖。从东阳方向出发，沿着巍东线前进，从溪口村出发，经东方红水库、白溪村、西垣村，山路狭窄而惊险，至停车场，挺进太白尖。或者沿着诸东线前进，至鹭鸶岭头，转向南园尖，道路宽敞而平坦，经东白山茶场，挺进太白尖。从嵊州方向出发，沿着长乐镇前进，经小昆村、西白山、青天岗岭、黄金浪、尼姑寺，登上太白尖，这条路线比较费力。或者从长乐镇出发，沿嵊东线往西，经白峰岭隧道进入东阳界，前行 2 千米，转入溪口村，经东方红水库、白溪村、西垣村，登上太白尖。

东白山的每个山峦、每条山涧，都是户外旅行者的乐园。站在东白山顶，极目远望，真有“会当凌绝顶，一览众山小”的感觉。挺拔纵深的峰壑，惟妙惟肖的怪石，变幻莫测的云海，构成雄伟壮丽的巨幅画卷。这里的峡谷瀑布、风雪雨雾、云海日出，让游客如同进入梦幻般的仙境。

千百年来，东白山留下了众多名人足迹，相传大禹、越王勾践、秦始皇、汉武帝、武则天、乾隆皇帝都来过这里。东白山和西白山是道教的重要场地，三国的赵广信、东晋的葛洪、南朝的褚伯玉都曾在此求仙炼丹。同时，这里也是佛教的重要场地，主要有建于唐太和六年(832)的禅林院、尼姑寺。此外，这里还有唐末黄巢的屯兵遗址。这里还有明镜似的高山天池玉女泉，相传是七仙女沐浴之处，岩石上留有仙女下凡时的脚印。自古以来，周边各地的青年男女为纪念牛郎织女坚贞不渝的爱情，在每年农历七月初七登上东白山，仰望夜空中银河两侧的牛郎星和织女星，乞求爱情幸福、婚姻美满。历代以来，东白山的七夕庙会久盛不衰，山顶的仙姑殿就是人们举办七夕庙会的重要场所。

东白山湿地

湿地指常年积水和过湿的土地，一般海拔较低，而东白山湿地海拔近千米，这在浙江省是绝无仅有的。由于东白山气候湿润，雨量充沛，形成了高山湿地四百余亩，包括仙女湖、鸳鸯湖、东白山天池。这里的高山湿地分布着植物 141 科、动物 70 种。

东白山湿地

14 浣纱江 西施故事

西施传说

“情人眼里出西施”，诸暨是家喻户晓的中国四大美女之一——西施的故乡。“西施，亦作‘先施’，亦称‘西子’。春秋末越国苎罗（今浙江诸暨南）人，姓施。以貌美著称。夫椒之战越国失败后，由越王勾践献于吴王夫差，成为夫差最宠爱的妃子。传说吴亡后，与范蠡入五湖而去……因西施绝美，故后以之称美女。”这是《辞海》中“西施”词条的释义，也代表着大众对西施的认识。但对于诸暨人而言，西施不仅是一个美女，更是一位忍辱负重、以身许国的巾帼英雄。

西施是诸暨最重要的文化遗产，2006 年 5 月，“西施传说”被列入首批国家级非物质文化遗产代表性项目名录。西施传说发端于诸暨，在民间口头流传，最早记载于《墨子》《孟子》等经典文献，至今已有 2500 多年的历史。它以吴越争霸为历史背景，以西施一生的传奇经历为主干，以人物传说（如“东施效颦”）、地名传说（如“白鱼潭”)、物产传说(如“西施眼”)、风俗传说(如“三江口水灯”)等为枝叶,从不同角度歌颂了西施的美丽、善良和爱国奉献精神。西施传说不但流传诸暨全境,还辐射江浙乃至全国,甚至远播韩国、日本、新加坡等地。2020年,“西施传说”入选首批“浙江文化印记”。西施故里旅游区以浣纱江为中轴线,以苎萝山、西施殿为核心,东西两岸共1.44平方千米。

西施故里旅游区

西施殿

据资料记载,西施殿最早建于唐代,至少有 1100 多年的历史。此后祠庙屡毁屡建。抗日战争时期,西施殿被日寇炸毁,但“西施殿”作为一个地名却一直保留着。及至 20 世纪 80 年代,民间要求恢复西施殿的呼声越来越高。1986 年,诸暨县政府顺应民心,开始在原址上重建西施殿。重建期间,政府向民间征集了 1.2 万余件明清时期的文物,经过几年巧妙组合,形成了这座古朴典雅的重檐歇山形建筑。

跨过“西施故里”门楼,右首即是正殿。“西施殿”匾额为书画大家刘海粟题写。“西施殿”建筑为歇山顶,门窗古朴细腻,雕刻精美。殿前有一个水池,种着莲花,清香四溢。中间有石拱桥,两侧各有侧厢和回廊,回廊设美人靠。殿内有西施塑像,由诸暨籍雕塑家傅维安设计。分别用青、黄、红三种颜色代表西施的一生:西施出生在农家,曾经贵为吴王妃,为越国从容奔赴敌国。像上悬挂

西施殿

"荷花神女"匾额，诸暨百姓历来尊称她为"西施娘娘"。

古越台位于西施殿西侧，依苎萝山，面向浣纱江。内奉越王勾践像，左右立谋臣文种、范蠡，上悬"卧薪尝胆"匾额，以示励精图治、兴越灭吴之志。君臣三人的塑像后面，是越文化陈列室，展示了春秋争霸地图、越国疆域图等。苎萝山因盛产苎麻而得名。从古越台往右，拾级而上，穿过苎萝山的山门，可以看见青石浮雕的明、清两代《苎萝山图》。往西北侧走，可以看见西施碑廊，这里立有数十块以西施为主题的诗词、绘画、书法等碑刻。苎萝山顶部建有苎萝亭，登上顶楼，就能俯瞰浣纱江两岸全貌。走下苎萝山，沿荷花池往西，可达"古苎萝村"。

古越台

《古苎萝山图》

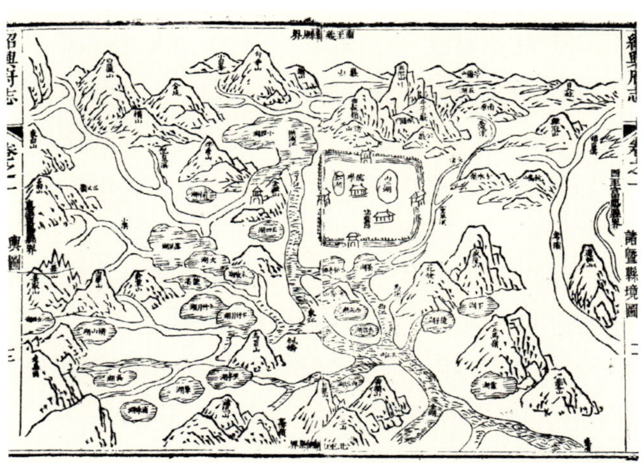

《诸暨县境图》

浣纱江

浣纱江乃浦阳江流经诸暨市区一段的别称，因西施曾浣纱于此江中而得名，简称浣江。浦阳江发源于浦江天灵岩（海拔约818米），流经通济湖、浦江城区、黄宅镇、白马镇，在布谷湖进入诸暨；随后流经同山镇、安华镇、牌头镇、暨南街道、暨阳街道、姚江镇、店口镇，进入萧山。浦阳江在诸暨共有五条支流：大陈江、开化江、五泄江、枫桥江、凰桐江。浦阳江进入萧山后，流经浦阳镇、临浦镇、义桥镇，在闻堰街道汇入钱塘江。浦阳江是诸暨的母亲河，也是钱塘江的一条主要支流。

浣纱江边的浣纱石其实是苎萝山延伸至浣江水面的岩石，相传为当年西施浣纱的地方。所浣之纱，就是苎麻纱。所谓“浣纱”，就是把浸透的苎麻细缕拿到江边漂洗，然后晒干。东晋时，书圣王羲之在此题写了“浣纱”二字。

1990年，西施殿开放以后，因面积局限，政府便在

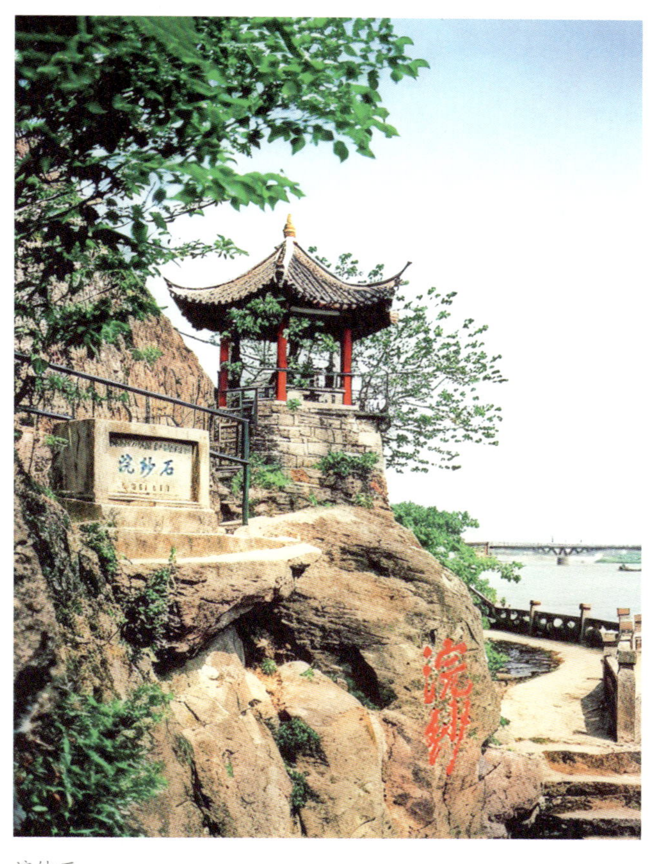

浣纱石

对岸开发西施故里东片区，东片区于 2006 年 4 月建成开放。东片区内保存着多处传统民宅、四眼井、郑旦亭、郑氏宗祠等传统景观内容，以游览、参观、演艺、品尝特色小吃、购买特色产品等活动为主。其中郑旦亭是为了纪念爱国女子郑旦而建的。郑旦，字修明，与西施齐名。常言道：武士爱比刀，美女爱比俏。东片区有一古井，俗称“四眼井”，传说就是当年郑旦与西施照影比美的地方。越国被吴国打败后，郑旦、西施二人同时被越王勾践选中，献于吴王夫差。对此，《吴越春秋》《越绝书》均有记载。

西施故里东片区夜景

金鸡山

史载，越王勾践为雪国耻，于“十年生聚、十年教训”期间曾蓄鸡于山中，“将伐吴以食士也”，此山因此而得名金鸡山。金鸡山下建有范蠡祠，正殿内有3.5米高的范蠡铜像，还有“于越圣臣”“大将军”匾额，以及仿竹简形式的木条，木条上是《史记》关于范蠡的记载。正殿左右的碑廊保存了历代人士评价范蠡的诗文，最经典的是《越绝书》的评语：“种善图始，蠡能虑终。”这句话概括了文种、范蠡的功业和他们不同的结局。

沿着金鸡山山脚可到历代名媛馆，这是目前国内仅有的以历代著名女性为主题的展馆。在序厅可以看到两侧墙上由团扇组成的“百美群芳谱”。沿着台阶而上，来到展厅，隔着纱幔，在侧面可以看到2500颗珍珠组成的荷花，在正面可以看到西施浣纱的场景，寓意为西施距今2500余年。后厅中，弧幕影片以三维动态效果，展示西施入吴途中的故事传说；地面上是入吴路线图，以透光石作

范蠡祠

为地名载体，展示入吴故事对应的地区。"姿容之美"展厅展现的是西施（施夷光）、昭君（王嫱）、貂蝉（任红昌）、贵妃（杨玉环）等四大美人穿越时空的对话，并借助曹魏甄宓绾髻（甄洛）、刘宋寿阳公主梅妆（刘兴弟）、唐代永和公主养颜（李宝章）等典故，展示东方女性的美颜之术。"意趣之美"展厅通过春秋霓裳羽衣（息妫）、唐代婉婉有仪（卢氏）、唐代梅妃斗茶（江采萍）、后蜀花蕊调香（费慧）等典故，带领观众了解古代女子的着装、仪态、饮茶、品香等精致生活文化。"才华之美"展厅展示古代女子的才华风采，介绍春秋庄姜、东汉蔡文姬、前秦苏蕙、东晋谢道韫、北宋李清照、南宋唐琬等女诗人。"品性之美"展厅通过西汉窦漪房、唐代长孙无垢、唐代晁采、明代马秀英、明代文俶五位著名女性,展现古代女子"淑、惠、婉、容、恬"五个方面的品质。"风骨之美"展厅通过宏伟壮观的宫廷场景,引领观众从"勇、毅、韧、忞、恣"等五个方面,感受商代妇好、东周孟母、东周芈月、唐代武曌、南宋李清照等五位风骨女性的坚韧。"庭院"区域选择十二个月的不同花卉,按照月份展示十二位花神。

历代名媛馆

15

五泄江
五泄瀑

五泄江

五泄江，全长 42.3 千米，由五泄溪、石渎溪、冠山溪组成。五泄溪流经紫阆，过刘龙坪形成五级瀑布（五泄瀑），会西龙潭水，入五泄湖（五泄水库），东流经青口、狮象，北绕避水岭，流经草塔至合溪口，纳石渎溪。又东流经大唐镇大唐庵，至水磨头，纳冠山溪。向东汇入浦阳江。今五泄风景区就在其间。五泄风景区三面青山一面湖，总面积约 50 平方千米，由五泄湖、桃源胜景、五泄禅寺、东源飞瀑、西源峡谷等区域组成。景区内山清水秀，飞瀑撼人，峡谷幽深，植被繁茂，被誉为浙南旅游线上一颗璀璨的明珠。早在 20 世纪 30 年代，五泄瀑就已被列为江南十大名瀑之一。五泄风景区有各类植物 400 多种，野生动物 300 多种，森林覆盖率高达 94.45%。

早在一亿多年前的侏罗纪、白垩纪时代，这里发生了强烈的地质造山运动，形成了陡峭险峻的山峰。神奇的大自然塑造了五泄的七十二峰、三十六坪、二十五崖，以及拟

五泄湖

人、似兽、状物的怪石，深邃幽幻、林木蔽天的峡谷等自然景观。

五泄山水在历史上久负盛名，是江南最古老的游览胜地之一。早在1400多年前，北魏地理学家郦道元就在他的水系著作《水经注》中对五泄作了记述，以“高山夹溪，造云壁立”“水势高急，声震水外”“望若云垂”来称赞五泄瀑布的雄伟气势。五泄瀑历来是名人雅集之地，周镛、陆游、杨万里、王十朋、杨维桢、徐渭、袁宏道、唐寅、徐霞客、陈洪绶等名士骚客都纷至沓来，或吟诗作画，或撰写游记，他们在五泄留下的感慨和墨迹更为五泄的山水增添了无穷的魅力。

五泄风景区

2002年，经国务院批准，浣江景区、五泄景区、斗岩景区、汤江岩景区四部分组合为浣江－五泄国家级风景名胜区，总面积约82.65平方千米。

五泄风景区

进入五泄风景区，过了紫藤长廊便是五泄湖大坝。整个五泄湖可蓄水1000万立方米，呈狭长“C”形，航线长2.8千米，湖面面积为56.8万平方米，最深处约38米。湖中的景致，一年四季晴雨皆宜。随着航线弯曲前进，夹岩洞、下山狮、元宝峰、千年牡丹、仙掌峰、石和尚等景观依次呈现。过了石和尚，迎面就是玉女峰和象鼻山。左侧的玉女峰下是原先的游船码头，取“天水一碧”之意，取名天一碧码头。岸边各种植物连片成林，整一个东晋陶渊明笔下的桃花源。这里生长着以桃树为主的各种果树，在不同的季节里，桃花、杜鹃花、梨花、山茶花、石榴花、莲花、桂花、蜡梅花等依次呈现。从桃源景点东北侧跨过小石桥，上方就是铁崖坪。铁崖坪是五泄三十六坪之一，名称与铁崖先生有关。铁崖先生原名杨维桢，枫桥全堂人，元代诗人和书法家，进士出身。元末，他为躲避战乱，曾在此结茅隐居，所以此地被称为铁崖坪。

五泄最为壮观的景色就是东源飞瀑。五泄者，上下相连共五道瀑布。由下而上分别是：五泄蛟龙出海，落差约31.2米，被称为东龙潭；四泄烈马奔腾，落差约20米，建有三怒亭（声怒、势怒、色怒）；三泄千姿百态，落差约18米，起伏变幻，建有云垂亭；二泄双龙争壑，落差约7米，建有争壑亭；一泄月笼轻纱，落差约5米，有神仙脚桶。五泄溪从天塘岗（海拔943.6米）奔腾直下，沿途汇聚三条支流，撞上涵湫峰与碧玉峰，水流穿越峭壁，劈开山崖，随着山势奔腾跌宕，曲折飞泻，构成了长334米、

五泄全景

落差 80 米的五泄飞瀑。前人面对悬崖难以攀登,如今沿瀑布绝壁建有游步道台阶,游人可将神态各异、变幻莫测的五泄飞瀑尽收眼底。东源景区除五级飞瀑外,还有两个风景各异的幽静之处。一是刘龙坪,位于第一泄瀑布之上,四周青山围绕,清水绕山而去,景色幽雅,犹如陶渊明笔下的世外桃源。另一处是响天岭,从东龙湫北行,有一条蜿蜒曲折的“之”字形山路,两旁有青竹万竿,苍翠欲滴,环境清幽。传说秦始皇东巡时走的就是这条山路。

从刘龙坪往东,进入涵湫岭,通往东源飞瀑;从刘龙坪往西,跨过铁索桥,穿越紫薇岭,通往西源峡谷。五泄的核心景区是东源飞瀑和西源峡谷。两处景观虽然相邻,但是风貌不同。东源以飞瀑、深潭震撼人心,西源以奇峰、怪石吸引游客。翠峰溪流,峰回路转,移步换景,别有洞天。从紫薇岭往西南行进,沿途可见西源峡谷的许多景观:得奇亭、三台塔、一线天、石弄堂、燕尾瀑、延寿桥、刻镂岩、楠木林、卓笔峰、仙趣桥、步幽亭、毛龙潭、两界桥、香炉峰、西源入口处。文学家郁达夫说:“西源一步一峰,一转一溪,山峰的尖削、奇特、深幽、灵巧,从我所经历过的山水比较起来,只有广东肇庆以西的诸峰岩,差能和它们比比,但秀丽怕还不及几分。”

但凡名山秀水,必有古刹相伴。位于东西源交汇处的五泄禅寺,建于唐元和三年(808),至今已有一千多年的历史了。当年五台山高僧灵默禅师云游江南,选中这块风水宝地，在这里创建禅院。此后，灵默、良价、贯休等高僧曾定居于此。良价是佛教曹洞宗的创始人之一。

五泄禅寺

斗岩

斗岩在诸暨西南约18千米处,原名陡岩,位于牌头西北侧,属于丹霞地质地貌。主峰海拔约494米,山岩非常陡峭,在浦阳江平原拔地而起,给人孤峰插天之感,因而被称为“陡岩”。“陡”与“斗”在当地发音相近,所以“陡岩”又被书写为“斗岩”。斗岩山顶岩石裸露,山岩大多呈圆状,山腰以下林木茂盛。斗岩南侧1.5千米处为西黄岩,呈赭黄色。从西黄岩远眺斗岩,组成斗岩的众多岩石均呈佛面,故斗岩又有“千佛山”之称。到达斗岩景区,抬头远望,便可见到斗岩大佛。大佛位于西黄岩东侧,由一块巨岩构成,除面部稍有修饰外,全尊佛像轮廓自然天成,是中国第一天然大佛。佛像高81.6米,比四川乐山大佛还高。

斗岩山主峰斗岩脚边有白云禅院,始建于明初,为佛教曹洞宗门庭。禅院背倚斗岩,面对大佛。进门就是天王殿,正中端坐弥勒,两侧有四大天王,背后是韦驮。大

斗岩

雄宝殿里供奉着如来、观音、文殊、普贤等佛像，两侧有十八罗汉。在白云禅院西侧，是供奉白鲎仙翁的龙王殿，始建于元代末期。相传斗岩有白鲎仙翁，能呼风唤雨、兴云作雾，曾助朱元璋战胜张士诚，被敕封为“金井龙王”。殿中有巨龙壁画，祈求风调雨顺。殿左塑有赵公元帅，殿右塑有神医华佗，祈求招财消灾。明代知县刘光复、清代知县刘书田和刘引之，均曾在龙王殿求雨救旱，留下了“三刘求雨”的传说。白云禅院和龙王殿的出口处是西山门，旁边有棵千年紫薇，历经沧桑，枝虬盘结，胸径40多厘米，夏秋开花，呈紫红色。

从白云禅院登上斗岩顶峰，必须攀登六道险关：千步云梯、鲫鱼背、壁立岩、一线破天、龙头岗、离天三尺。当登上海拔494米的斗岩顶峰时，举目四望，可见左边山峰如同卧狮，右边山峰如同大象，群峰朝拜，气象万千。在牌头北部仰望斗岩，也能看到主峰北侧的狮子岭。山下一派江南田园风光，茶园茂盛，良田沃野，阡陌纵横，村舍俨然，祥和安宁。

汤江岩

汤江岩，位于同山镇布谷湖东岸，主峰海拔约356.5米。汤江岩东南部悬崖险峻，西北部上突下收，形成天然石窟。景区共有险峰六座、奇岩六尊、怪石十六处、幽洞二穴。岩下建有胡公庙，是为纪念元末新州守将胡德济而建。寺庙没有梁椽、瓦片，大雨却淋不进来，冬暖夏凉，清幽异常。庙中有水潭，名为玉带泉，泉水清澈，终年不枯。庙侧另有神仙洞、星月洞，可供游人休息与用餐；洞中视野开阔，适合远眺，远近山水可尽收眼底。汤江岩还建有户外拓展训练基地。

布谷湖

布谷湖

布谷湖，总蓄水量约5880万立方米，是诸暨八大人工湖泊之一。周围青山环抱，湖面清澈平静，水鸟飞翔，景色优美。北部有瞭望台、儿童乐园，中部有湖心岛、西岸栈桥，南部有界牌宣堤埂、宣华芳烈士陵园，西岸通向水果基地、同山高粱烧产区，东岸是汤江岩户外拓展基地。布谷湖不仅是人们度假休闲的旅游景点，而且有着丰富的淡水鱼类资源，有众多钓鱼爱好者前来垂钓。布谷湖原名安华水库，因为湖边有一个叫布谷村的村子，2010 年更名为布谷湖。

16 雪夜访戴
谢灵运故事

艇湖山

嵊州乃钟灵毓秀之地、文化综汇之域，自然美景和名胜古迹比比皆是：大禹治水毕功的了溪，书圣王羲之徙居

艇湖山

的金庭，理学家朱熹和吕规叔论道的贵门，杜甫“欲罢不能忘”的剡溪……而绿树婆娑、意蕴无穷的艇湖山，则别有诱人的魅力。

“梨花淡白柳深青，柳絮飞时花满城。”出了城，沿着白练似的剡溪东行 2 千米，便至艇湖山南麓。一级级石阶掩映在一色的浓绿里，石阶绵绵，直达山腰的玉皇殿。玉皇殿殿宇虽不甚大，但梵音萦绕，端坐的玉皇、虎视的罗汉神采奕奕。

行至殿外，但见逶迤的山道上，随缘乐助的石阶已尽，一条铺着草皮、青苔和碎石的小道向上延伸。一道道阳光穿过林荫的隙缝，辉映着地面的芳草、野花。金箭似的光束，跟幽幽的阴影编织在一起，和风拂过，幻化出光怪陆离的图案，似仙似梦，恍若进入了一个古代隐士卜居的胜地。山道如线，放飞着一颗颗久违的童心，叽叽喳喳的鸟鸣声、琤琤淙淙的流水声，回荡在整个山林中。

艇湖塔

艇湖塔

一柱擎天的艇湖塔矗立于艇湖山山巅，和南面5千米之遥的天章塔互为呼应。

塔原称浮屠，始于印度，一世纪前后随佛教传入我国。古建筑大师取其造型精华，结合华夏高层建筑结构艺术，开创了别具一格的中国古塔，成为了中国民族文化艺术中的瑰宝。自明代伊始，在宗教性的古塔之外，又出现了纪念塔和文风塔。艇湖塔就是为推动社会多出栋梁之材而建造的文风塔。艇湖塔始建于明嘉靖二十四年(1545)，后来坍毁，在崇祯年间由知县方叔壮重建。艇湖塔是浙东唐诗之路上的重要节点。

雪夜访戴

东晋的一个冬夜，天降瑞雪，王徽之一觉醒来，打开窗户，见四野白亮亮的，古城山阴仿佛披上了一袭硕大无朋的轻纱白绡。欣喜不已的他遂命小僮烫来热酒，一边吟诵左思的《招隐诗》，一边踱着方步。渐渐地，他的思绪恍若窗外的雪花，开始跳宕飞舞。他想起了曹操“溪谷少人民，雪落何霏霏”的诗句；想起了“永嘉之乱”“衣冠南渡”，谢安高卧东山，阮裕剡城隐居；想起了竺法深、支道林、昙光、支遁、郗超……想起了博学善文，集书画、音乐、雕塑之大成的戴逵，他才华盖世却不恃才傲物，崇尚散淡却非游戏人生，不求飞黄腾达却又轰轰烈烈……思念及此，一股暖流霎时在周身涌湍，徽之再也顾不得更深夜静，命小僮寻来船家，前往剡县拜访知交戴逵。

那是越地特有的一艘乌篷船，“篷是半圆形的，用竹片编成，中夹竹箬，上涂黑油”，咿呀声中，船儿自曹娥江驶入剡溪。夹岸青山、绿树竹园，此时皆成了粉妆玉琢的银色世界中的一员。豪情勃发的王徽之昂首船头，在潺潺的水声里，倾听船家“嵊浦到了”“清风到了”“仙岩到了”“杉树潭到了”“禹溪到了”“竹山到了”的报告，心潮激荡。

船儿的乌篷渐渐发亮，晨光像潮水般涌向四方，艇湖到了！戴逵住所就在眼前。船家将船靠岸，静候徽之步上。徽之却是连连摆手，让船家掉头返回。船家惊问其故。徽之说：“我是乘兴而来，兴尽而返，何必一定要见到戴逵呢？”历史上“乘兴而来”的典故即出于此。旧时此地有“子猷桥”“访戴亭”等古迹，皆因年代久远而圮没。宋苏轼有《雪溪乘兴》诗：“溪山雪月两佳哉，宾主谈锋夜转雷。犹言不见戴安道，为问适从何处来。”其弟苏辙也有诗唱和：“亟往遄归真旷哉，聋人不信有惊雷。虽云不必见安道，已误扁舟犯雪来。”此前，诗仙李白亦在《东鲁门泛舟二首》中写道：“轻舟泛月寻溪转，疑是山阴雪后来。”“若教月下乘舟去，何啻风流到剡溪。”抒发了对王徽之雪夜访戴的欣赏。

剡溪

剡溪为嵊州境内主要河流，由南来的澄潭江和西来的长乐江汇流而成。澄潭江俗称南江，因江底坡度较大，水势湍急，也称“雄江”；长乐江又叫西江，江底较平，水流缓和，称为“雌江”。洪水来时，两江泄合之后，中间有一条细长的银色带状水流，把雌雄两水隔开，南面的水浑浊而浪涌，北面的水清亮而波平。一江两流，中嵌银带，直到远处才融成一片，堪称奇观。

剡溪是浙东唐诗之路的菁华区，一批批文人雅士竞相前来，李白、杜甫、孟浩然、宋之问、韦应物、顾况、崔颢、罗隐、刘长卿、温庭筠、王维、孟郊、戴叔伦等342位诗人都曾徜徉于这条水路。李白四到浙江，三入剡中，抒写了《别储邕之剡中》《梦游天姥吟留别》等咏剡诗章。自越入剡畅游达四年之久的杜甫写下“剡溪蕴秀异，欲罢不能忘”；贾岛写下“何当折松叶，拂石剡溪阴”；崔颢写下“鸣棹下东阳，回舟入剡乡。青山行不尽，绿水去何长”……诸多

剡溪

歌颂剡溪、剡中的瑰丽诗句至今仍被人们津津乐道，不时吟唱。

据统计，唐代有 342 位诗人入剡溪，穿越浙东七州，踏出了一条“浙东唐诗之路”。殊不知，唐代以前，谢灵运就和他的亲友昙隆、王弘之、孔淳之、谢惠连、何长瑜、荀雍、羊璇之等踏遍剡山大地，开启了弘扬剡溪山水人文诗路的大门。

站在艇湖山巅，北望嵊山，群山环拱、瀑布如烟。山上有羲之坪和谢朓岩，是书圣王羲之和受李白膜拜的诗坛大咖谢朓的游历纪念处。嵊山北麓原有龙宫寺，据说唐代诗人李绅三游此寺，写下名诗《悯农》：“锄禾日当午，汗滴禾下土。谁知盘中餐，粒粒皆辛苦。”著名的“龙宫寺碑”也在这里撰写而成。远处,新建的艇湖城市公园将以中国唐诗之城的名义喜迎八方来客。

谢灵运出生于会稽始宁(今嵊州、上虞交界处一带)一座名为始宁墅的庄园里。因是独子,家庭倍加疼爱,早早安排他去钱塘寄养,十五岁才回到京都建康。宦海浪迹二十余年,后来弃官归隐,在始宁墅生活了七年之久。

南朝宋永初三年(422),刘裕驾崩,徐羡之、傅亮、谢晦辅政,谢灵运被贬为永嘉太守。正是这种揪心的倾轧,使他彻底洗去了对官场的热衷,去寻觅无言的山水,寻觅远去的古人。光耀诗坛的山水诗作应运而生:"春晚绿野秀,岩高白云屯"(《入彭蠡湖口》);"明月照积雪,朔风劲且哀"(《岁暮》);"白云抱幽石,绿筱媚清涟"(《过始宁墅》)……这些诗作以独特清新的魅力,将山水诗发扬光大,轰动朝野。同代人汤惠休说谢灵运的诗"如芙蓉出水";陆时雍言"熟读灵运诗,能令五衷一洗"。《宋书·谢灵运传》记载:"(谢灵运)每有一诗至都邑,贵贱莫不竞写,宿昔之间,士庶皆遍,远近倾慕,名动京师。"谢灵运当时声誉之隆,比现今的畅销书作家,不知要高出多少倍。

石门山

“晨策寻绝壁,夕息在山栖。疏峰抗高馆,对岭临回溪。”石门山在嵊城西北,山岩叠嶂,谢灵运《游名山志》曰:“石门山,两岩间微有门形,故以为称。”后人敬之,不改其名,自宋《剡录》至明清县志,皆载此山,并以谢灵运石门诗相附。

石门山

17 鹿门书院 古道风骨

鹿门书院

斜阳透过苍松翠柏，涂抹在嵊州鹿门山麓的一座小楼里。那是一座四合院式的建筑，有块石高砌的台基，绿草摇曳的天井，南北两面各有连通的拱券洞门。南门正面上刻“古鹿门”。北门正面上刻“贵门”，系朱熹手笔。洞门

鹿门

上层楼房四面相向、回廊相连,称为“鹿门书院”。出北拱门,有一个平坦的小操场,是当年吕规叔父子集家乡壮士习武练兵的场地。小楼东 3 千米处的雅安村旁有龙山,山势蜿蜒,远远望去,像一尊硕大无朋的龙的雕塑,定格在天幕上,历时千年。山腰间,朵朵白云,悠悠飘荡。

鹿门书院是当时华夏大地上一所不同凡响的学府,单说客座教授吕祖谦、朱熹即是超尘拔俗的才俊,名闻海内的大家,书院的学子也多有魁奇之士。历代以来人才辈出。吕规叔的后人、书院继办人吕汝霖,是一位尽忠保国、投笔从戎的热血汉子;同盟会会员吕韶美、吕峄,都是追随孙中山先生的革命志士。鹿门书院,一座普普通通的建筑,因了吕规叔,因了众多仁人志士的倾情,成为了嵊州的骄傲。

鹿门书院

鹿门聚会

那么鹿门书院究竟是一所怎样的书院？

吕规叔是安徽寿春（今寿县）人，出身官宦世家，南宋初官至监察御史。东京陷落后，面对北方的强劲对手，宋高宗赵构采取了对金朝屈辱妥协的政策。吕规叔和伯父吕本中在朝中跻身主战派的行列，遭弹劾后，他毅然辞去监察御史的职务，归隐婺州（今金华），后于南宋淳熙元年(1174)来嵊州创办鹿门书院。

吕规叔之子吕祖璟官至淮南安抚使，也苦于权臣当道，辞官还乡，帮助父亲管理书院。宋宁宗赵扩特许他在贵门训练乡兵，保境安民。在吕规叔父子的携手下，贵门热闹起来了。

“东南三贤”之一的吕祖谦来了。吕祖谦是吕规叔之侄。他讲授的“吕学”主张“躬行明理”，要求学生言行“博学之，审问之，慎思之，明辨之，笃行之”。

朱熹是南宋理学的集大成者，长期从事讲学活动，被誉为“孔子之后第一人”。南宋淳熙七年(1180),浙东灾荒,他奉命赈灾,得知吕规叔正主持鹿门书院,遂赶来相见。朱熹被吕规叔造福桑梓的办学精神感动,赞道:“人道公心似明月,我道明月不如公。明月照夜不照昼,公心昼夜一般同。”遂写下“贵门”两字。从此“鹿门”就更名为“贵门”。今南、北两门的侧面刻有“隔尘”“归云”四字,由清代书法家赵睿荣题写。附近有访友桥,桥旁石壁刻有“石泉漱玉”四字,相传为朱熹手迹。

南山湖

贵门以得天独厚的自然风光，吸引了大儒吕规叔，使其成为鹿门书院的发祥地。今天，人们利用自然，改善生态，又创造了绚丽的奇迹。这就是南山湖风景名胜区。

盛夏时节，行走江南大地，“足蒸暑土气，背灼炎天光”是必然的。但走近南山湖，滋味就有天渊之别。且不说披绿戴翠的青山宛似硕大无朋的氧吧释放着无穷无尽的新鲜之气，知了和一些不知名的虫儿的浅吟低唱也让人心旷神怡，就连带着原始野性的藤蔓和奥草、苔藓，弥漫的气息也清香甘洌。

来到南山湖，就是来到一个宁静的世界。在绵绵群山和森森林木的亲切呵护下，纵然有百般疲惫、千般烦躁，也会变得洒脱、轻盈、无忧无虑。在这童话般的境况中，人们会明显感到自己已变得像这里的天地一样安宁、恬静。

其实，南山湖并不是天然形成的湖泊，而是一个人工筑就的水库。1958 年，南山湖开始兴建，动用了 535 万个人工，搬运了 282 万立方米土石，才有了今天 1.05 亿立方米的总容积，才有了今天 8.9 万亩农田的旱涝保收，才有了嵊州市饮用水源一级保护区的美誉。它的原名也不叫南山湖，而是南山水库。

凝眸环湖的青山，虽然没有高峻峥嵘的气势，但舒缓的山坡，逶迤的山峦汇成的柔和灵动的线条却使被环拱的湖水愈益显得平和、安谧。天的倒影、云的倒影、山的倒影、树的倒影沉淀在满湖的绿中，甜蜜得如同一个绿色的梦。坐上游船，款款前行，你会瞧见，在太阳的聚光灯下，这里恍若有一只巨龟气闲神定地卧于绿漪，那里似有一头长鼻入水的大象。三面靠山、一面临湖的桃花坞香馨四溢，柔情地弯着的岸柳像是少女的眉……这里除了偶尔有飞鸟凌空掠过，其他事物似乎都未曾打扰过它们的静默。而四千余亩烟波浩渺的湖面与千姿百态的小岛幻化出的诸多美丽画面，会让人迷醉，忘却自己。

登上大坝，鸟瞰脚下，千万块岩石肩并肩、身挨身，叠罗汉般叠起 72 米高的坝身，四百余级石阶恍若登天之梯。紧邻的南山湖国家森林公园森林面积达 2188.7 公顷，森林覆盖率约 77.5%，若除去水面面积，则高达 92%，在湖的四周筑就了一道靓丽的风景。

18 天姥山　梦游天姥吟留别

天姥山

天姥山，“孤峭迥拔，苍然天表”，是我国著名的文化名山。天姥山主峰耸入云尖，因状如女子，被称为“天姥”。登山回望，群山为小，北有芭蕉、斑竹两大山（即大尖、细尖）遥遥相对，南有王会、牛牯、万年诸山蜿蜒俯伏，西南有

天姥山

莲花峰拜倒脚下。山上有姥姥岩、天姥鹰、天姥馍、蹲牛岩、鸡笼岩等。

南朝谢灵运“尝自始宁南山伐木开径,直至临海”,被尊奉为天姥山“开山鼻祖”。自谢灵运后,天姥山一直是中国诗人的朝圣之山,仅唐代涉及天姥山的诗歌就有400多首。

李白以天姥山为主题的《梦游天姥吟留别》一诗提到了自会稽山阴的鉴湖,经东山,转剡溪,再到天台山的越中文化游迹,这就是“浙东唐诗之路”。这首诗把瑰丽奇伟的梦境意象与历史典故、神话传说及豪情逸兴完美结合起来,成为最有诗仙气质和李白风格的诗篇之一。除李白之外,杜甫、李贺、贾岛、储光羲、拾得、刘禹锡、温庭筠等著名诗人均有作品写天姥山。

天姥山为道家第十六福地。道家上清派茅山宗第十二代宗师司马承祯是李白的好友,与李白同列“仙宗十友”,天姥山为其往来盘桓之地。至今,天姥山犹有桃源村、霞客古道、司马悔桥、司马承祯庙、天姥云坪、云台等名胜。

桃源村、青云梯

桃源古村，位于天姥山的腹地，是爱情故事——刘阮遇仙的发源地。传说，刘晨和阮肇在这里上山采药，以桃充饥，最终遇到了两位仙女，并与她们结为夫妻。半年后，他们思乡心切，回到人间，却发现人间已经过了七世。他们再次来到桃源村寻找仙女，却未能如愿，只能在溪边徘

刘阮庙

徊,不知所终。

迎仙桥横跨在惆怅溪上,见证了刘晨和阮肇的传奇故事。迎仙桥不仅是古代台州、绍兴之间交通的重要桥梁,也是进入天姥山的门户之一。迎仙桥是一座椭圆形石拱桥,用不规则的石块和鹅卵石砌成,看似简陋,但它在我国古桥梁界却有着相当高的地位。20世纪90年代,专家们发现,迎仙桥的拱券采用悬链线设计,这种设计比普通的圆形拱更符合力学原理,跨度也更大,还节省了石材。

青云梯镶嵌于天姥山翠峦之中段,起自班竹村,全程蜿蜒2400余米。青云梯分引导段、亲水段、山径段、杉林段等四个区,串起鹿饮涧、龙吟瀑、双凤帘等景观,云峰一色,直上青天,每一步都能体验到不一样的诗境。天姥山虽非崇山峻岭,却以文化底蕴深厚著称。班竹山便是这天姥画卷中的一抹亮色。班竹山巅拔云尖,傲视群峰,海拔近900米,乃天姥之巅。据传,唐时司马承祯隐居天台,被朝廷征召,行至此地而后悔,故山亦得悔名,位列道教第十六福地。半山孤峰如削,状若僧侣静思,四周绿荫蔽日,清幽脱俗,人称"和尚岩"。环绕此岩,有刺激梦幻的玻璃天桥,长约88米。

青云梯旁有龙吟飞瀑,如熊咆哮,似龙长吟,岩泉激荡,震撼山林。天姥地貌多变,飞瀑如织,龙吟瀑则为其冠。龙吟瀑源自芭蕉、班竹交界的龙潭深坑,水出绝壁,层瀑相连,成渊成洞,深邃莫测,因瀑水如白龙下界,声震山谷,松杉相伴,光如白练,故名龙吟。

霞客古道、天姥古道

霞客古道,是明代旅行家徐霞客曾经走过的古道,起于藤公山,穿牛牯峻岭,越三重小岭,终抵会墅岭。途中山川壮丽,关岭交替,景致万千,步步皆景。

太白古井在会墅岭巅,相传为李白登山解渴之处。其中泉水清冽,回味甘甜,源自天姥深处,流经岩层砂砾,富含矿物质,故名扬四海。

天姥古道,穿天姥寺遗址,攀黑风峻岭,过关爷殿,经冷水坑村至普济古桥,全长约 2100 米,宽约 2 米,用卵石、条石铺就。古道遗迹犹存,尤以羽林小石佛段、南明班竹段、儒岙会墅岭段等保存完好。九铺之中,唯小石佛与关岭铺尚存。此段古道,宛若断线珍珠,总长约 3500 米。

天姥山有碑,碑因山名,山以碑传。天姥山碑矗立于 314 国道会墅岭之巅。缘何立碑? 1999 年 5 月,李白研究会携手新昌县政府举办了"'李白与天姥'国际学术研讨会暨中国李白研究会特别会议",确证李白诗中的天姥山在新昌。为铭记此论，新昌县政府在此立碑，原国家图书馆馆长任继愈亲题“天姥山”三字。

天姥山石碑（任继愈题）

天姥山景观

天姥云坪

天姥云坪，在天姥主峰下，占地约十亩，绿茵铺展，云霞交织，视野广袤，使人步入自然怀抱，心灵随风翱翔。

竹林秘境，隐于天姥主峰之南隅，占地约十二亩，云雾缭绕，翠竹绵延不绝，万籁俱寂，唯水声潺潺，涧泉相接，远离尘嚣，宛如世外桃源。漫步于挺拔的竹林之中，竹林精舍隐现其间，每移一步，景致更迭，如梦似幻，引人入胜，尽享自然之幽静与雅致。

天鸡台，矗立于天姥山心脏地带之巅，占地约2100平方米，集天鸡雕塑与观景平台于一体，乃天姥山之璀璨明珠。天鸡雕塑身披锦绣，脚踏日月双辉之轮，昂首天外，立于云端之上，尽显雄伟壮丽之姿。立于此台，极目四望，云海翻腾如瀚海，旭日东升似明珠，壮阔的景象令人心旷神怡，叹为观止。

云之台由三处错落的平台精妙构筑而成，每一处都是“半壁海日”之绝佳取景地，亦能欣赏到云海翻腾的视觉盛宴。晨曦初破，天姥横亘，气吞五岳，赤城失色，尽显大自然之鬼斧神工；云雾渐散，则见“云青青兮欲雨，水澹澹兮生烟”，宛如仙境，令人心旷神怡。步入云之台，仿佛穿越千年，与李白共赏诗中景色。沿着步道前行，途中有奇花异石，阳光斑驳洒落于林间，为这幽静之旅添上了一抹温馨。云之台设计巧妙，三平台各领风骚，或高或低，视角各异，每一驻足，皆是风景。在大岩石间攀爬、静坐、眺望，与自然亲密互动，乐趣无穷。最低的平台更是网红景石的最佳观赏点，视野开阔，美不胜收。春来之时，几株天姥杜鹃悄然绽放，风姿绰约，为云之台添上了一抹绚烂的色彩。

星月台，镶嵌于天姥山云之台南侧，紧邻登山古道，由握月台、栖月台、落星亭等组成。握月台静谧，栖月台悠然，落星亭古朴，三者交相辉映，邀人共赏明月繁星。更有星

星月台

空科普区，寓教于乐，以科学之眼窥探宇宙奥秘；星空观测区，直面浩瀚星河，让现实与梦想在夜空中交织。在这里，每一次仰望，都是对宇宙无尽的好奇与向往。

杜鹃花谷，广袤约七十五亩，峭壁陡立，古木参天，汇聚西娟之雅、五宝珠之艳、映山红之烈、大树杜鹃之壮，名花荟萃，蔚为壮观。时至花期，谷中繁花似锦，姹紫嫣红，竞相绽放，漫步其间，恍若步入仙境，令人心旷神怡，忘却尘嚣。更有布谷声声，黄莺啼鸣，穿梭于花海之间，演绎着“祥云五色舞天际，彩凤双飞舞日边”的春日盛景，生机勃勃，祥瑞满园。

19 大佛寺
深山名迹

木化石

新昌木化石属于硅化木，色泽黑褐，纹理清晰，似木非木，似石非石。据专家分析，在史前，新昌湖泊和沼泽相间，有金钱松、落叶松、柏树、水杉、云杉、红杉、银杏、桦树等组

木化石恐龙园

成的原始森林,天上飞的有翼龙,水中游的有蛇颈龙,还有吃草的剑龙,食肉的霸王龙,是一个热闹非凡的恐龙世界。后来,随着地壳构造运动和火山喷发,森林被埋入地层深处。深埋地下的大树在腐烂和风化前,被以硅为主的多种物质填充,在地层高压下形成了具有原始树木结构的硅质岩石,并保存了木材特征。后来,受到地壳构造作用的影响,地层抬升,这些史前化石重见天日。

新昌大佛寺木化石林,在5000多平方米的石苑内集中了多个品种的新昌木化石30多棵,最高的一棵高达14米。这里的木化石以松树、柏树演变为主,因松柏长青,所以又叫“长寿林”。这些木化石树的截断面、根部、树皮、年轮以至蛀虫疤痕都清晰可见。

大佛寺

大佛寺位于新昌城区，是浙江省最古老的寺院之一，东晋时期佛教中国化的发祥地，有“佛教入浙第一站”之美誉。它迄今已有1600多年的历史，以石弥勒佛像著称于世。

大佛寺风景名胜区

大佛殿

进入大佛寺，可以看到露天弥勒石像。新昌弥勒石窟大佛始于南朝齐永明年间。当时僧护隐居于石城山隐岳寺。寺北岩壁陡峭，形似佛焰，每当僧护行至此处，便见光芒四射，仿佛有丝竹管弦之声赞颂佛陀。受此异象启迪，僧护发愿凿山雕刻十丈石佛，以供奉弥勒佛的庄严法相。这一宏愿在历经数年艰辛开凿后，仅初具雏形，僧护便因病离世，临终前留下遗愿，希望来生能完成此愿。后来，僧淑接过衣钵，继续僧护未竟之业，但因资金匮乏，终未能如愿。直至梁天监六年(507)，梁武帝下旨，派遣高僧僧祐专程负责石像的营造工作。僧祐亲自指导工匠，历经数年，终于在梁天监十五年(516)春完成了这座雄伟的石弥勒大佛。

这座石像是天然和人工结合的精华之作。你说它是一尊佛呢，它却是一座山；说它是一座山呢，它却是一尊佛。山是一尊佛，佛是一座山。设计者巧妙地塑造出一个高约10米的弥勒头像，使一尊头顶蓝天、笑口常开的露天弥勒呈现在盘虎岩峡谷中，憨态可掬，不禁使人想起赵朴初先生的一句话："弥勒无不在，处处未来佛。"

相传，在我国五代时，奉化有一位和尚，名叫契此，体形宽胖，常挺着引人注目的大肚子，背着口袋行走于闹市中，平时言语无常，乐乐呵呵。他在奉化岳林寺东廊磐石上圆寂，在临终前，他说了一首偈："弥勒真弥勒，分身千百亿。时时示世人，世人自不知。"人们细细琢磨，才恍然大悟，原来这位胖大和尚就是弥勒的化身。后来汉族寺院里都按布袋和尚的形象塑造弥勒菩萨，将其供奉在弥勒殿。

大佛寺这尊露天弥勒菩萨，不管从正面还是从侧面看，大肚、布袋都清晰可见。石像的眼珠并不是用墨汁涂黑的，而是能工巧匠挖了两个小孔，充分利用光的作用，使这双眼睛更加的逼真，更有灵气，更具神韵。

沿进山路，有一块巍峨的巨石，石中赫然有一线裂缝，世人称巨石为"锯解岩"。传说有高僧欲雕琢弥勒大佛，先于此岩试锯，以探石材之韧度。也有人说，高僧面对浩大的佛像建造工程，曾心生退意，漫步至此，偶遇乡人以简陋的稻草绳尝试锯解顽石。高僧好奇询问缘由，乡民答曰："持之以恒，石亦能解。"言犹在耳，奇迹显现，岩石竟应声而裂。此情此景,令高僧恍然大悟。

大佛寺牌坊“石城古刹”四字为著名书法家沙孟海先生所题。牌坊的主题联是:“晋宋开山,天台门户;齐梁造像,越国敦煌。”这副对联是晚清末科秀才——上海的苏局仙先生103岁时所写。“晋宋开山”“齐梁造像”,用语浅显,简而不繁地提示了开山造像的久远历史。“天台门户”来自智者大师本传“石城是天台西门”的记述,这是当时人对天台山脉范围的认识。另外,“门户”又有发端与前导的意思,暗示石城是东晋般若学研究的中心,对天台宗的建立与教义有着不可忽视的影响,所以说这里是“天台门户”。

牌坊内两棵参天古树叫枫香树,有500多年的树龄了,枝叶繁茂,盖天蔽日,亭亭如伞,就像哼哈二将护法神。迎面即是天王殿,里面供奉着弥勒菩萨、韦驮菩萨及四大天王。

在弥勒菩萨和韦驮菩萨间有这么一个有趣的传说。相传在古时,弥勒菩萨和韦驮菩萨各自管理着一家寺庙。由于弥勒菩萨平时就笑口常开,看起来非常和善,所以来他寺庙进香的游客络绎不绝。但是因为他平时管理太松,到年底一算,经济效益并不怎么样。而韦驮菩萨呢,平时表情庄严肃穆,令人望而生畏,所以来他寺庙进香的游客是寥寥无几,所以到年底一算,经济效益也很差。佛祖看到这个现象,就给他们提了一个意见,用现代词语来讲就是叫他们“公司合并,资产重组”,共同管理一家寺庙。弥勒菩萨向外，笑迎八方来客；韦驮菩萨向内，管理内政并保护寺庙。这样一来，寺庙越来越兴旺了。所以，现在的寺庙，一般都是弥勒菩萨和韦驮菩萨背对背地站在一块儿，弥勒菩萨朝外，韦驮菩萨朝内。

东晋时期，新昌来了一个和尚，法名昙光。他看到这一片盘龙卧虎之地，正是坐禅静修的好处所，摸出身边所带的一点碎银，雇了两个年轻力壮的山民，用樵斧在枯黄了的灌木丛中砍出一条小径进山。这时已届隆冬，他们进了二里多路，忽然天地昏暗，北风瑟瑟，雪花飘飘，山中又有群虎怒号，煞是怕人。两青年停步不肯再进，昙光只得听凭他们退出，自己借了刀斧，冒着风雪继续向前。行了不久，只见前山挡道，如到尽头。抬头环顾，南面双峰并列，北边山崖陡峭，东边圆顶小山高耸，西边山坡迤逦，四面山头相接，中间一水流出，自己像处在石城之中，景致非常美妙。正在审视时，忽见山南半腰上有一片黑色，凝神细看，原来是一个现成的石洞。他不觉心中大喜，便攀缘而上，但见一连三个石英钟室，都朝南向，足可躲避风雪。这便是我们现在所称的隐岳洞了。

昙光进了石洞，放下行李，用刀斧在洞旁砍了一些枯枝、茅草，抖去积雪，拿来铺在洞内，便坐下，合掌参起禅来。正待闭目入定，近旁却传来了几声虎吼，不一会，直窜进一只吊睛白额虎来。昙光临危不惊，口念弥陀，静待其变。那老虎抖了几下积雪，随着诵经声，竟懒洋洋地在一旁躺了下来。待了一会，飞雪渐歇，虎也立起身来，摆摆尾巴踏雪管自去了。这时，一条在洞角石隙中冬眠的大蛇被惊动，它昂起头来，乱伸红色的信舌，昙光也不理会，管自念经，慢慢地，蛇也缩进石隙做它的好梦去了。一宿过去，第二天风雪已止，山林一片白色。白天昙光就在附近村子讨点吃的，晚上又返回石洞歇息。这样过了三天，到第三个晚上，昙光做了一个梦，梦见一位衣冠楚楚的官员前来拜访，自称是本山山神，原住在这洞里，曾化作猛虎、大蛇来恐吓过自己，想不到昙光遇事不惊，非常佩服，便愿以石室相让，自己搬到章安县寒石山去住。自此，昙光便安心住了下来。以后人们就把这座岩石叫作天乐岩。

般若谷

般若谷

般若谷原为明代遗留的采石场。六朝时期，石城山是高僧会聚的地方，浙江创立宗派的高僧有 6 人，其中 5 人是石城山高僧。当时中国的佛教分两派，即般若学和禅学，般若学又分为六家七宗，其中五宗在剡东活动，般若谷景点就是据此建造的。

从般若谷底往上看，第一级瀑布从山岙里奔流而出，如白龙出涧，称为白龙瀑；第二级瀑布悬空而泻，称为飞悬瀑。往上走上一段又高又陡的台阶，左边是观景台，站在观景台上，可以看到两道飞瀑从天而降，山水景色一览无遗。继续沿石阶前行，依次可见挂风瀑、三叠瀑、珠帘瀑，七级瀑布落差共有50米。

大佛寺三奇

大佛寺地貌确实奇特,寺内另有三景之奇,即奇岩、奇文、奇树。

奇岩,指大佛岩。大佛殿内有一个巨大的石窟,大佛端坐其中。此岩称大佛岩,又名仙髻岩。山门外路边有一处千佛岩,三洞窟并列,其中一洞依壁凿有 1000 余尊浮雕式小石佛,佛小者仅数寸。大佛岩东,有两崖相傍,人称月峡。岩中一罅,方正如门,有双松摇曳。中秋,圆月巧落其间,俨如宝镜开奁,称得上一大奇景了。

奇文指的是《梁建安王造剡山石城寺石像碑》。在僧祐主持建造弥勒大佛时,他命自己的弟子,即后来成为文学巨匠的刘勰,撰写了 2000 余字的碑记《梁建安王造剡山石城寺石像碑》,围绕弥勒大佛的开凿历史,阐述了佛教中国化的意义。

奇树,指大佛寺有三棵树。一是濯缨亭(又名朱子亭)前的蜡梅,相传为朱熹手植。二是大殿斜对面的古银杏,

梁建安王造剡山石城寺石像碑

周长约四米，干高三四十米。银杏树上寄生有两种不同科的树，为女贞和榆树。相传这棵树是为纪念南朝文学家刘勰而种的。三是大佛寺放生池边的树化石。

放生池

20 穿岩十九峰

穿岩十九峰

新昌县属浙闽低山丘陵的一部分，由天台山、四明山、会稽山三支山脉环抱。其中四明山脉自东北入境，构成小将至沙溪的山地。天台山脉两支自中南部入境，构成儒岙至回山东部山地。会稽、大盘山脉自西南入境，构成镜岭南部山地。中部为丘陵，台地上田地梯列，村落相望。

穿岩十九峰

穿岩十九峰位于新昌西南，距县城22千米，由十九峰、千丈幽谷、台头山、倒脱靴和镜岭古镇组成，1990年成为省级风景名胜区。穿岩十九峰属儒岙至回山东部山地，是我国著名的丹霞地貌景区之一，它的历史已有约325万年了，而且还在以约0.86米每万年的速度升高。整个景区以自然景观为主，绵亘的山脉、台地和蜿蜒回旋的江、溪、松构成了美丽的风景。

"穿岩之岩高苍苍，峰峦十九摩天光。"最早把穿岩十九峰引入诗歌的是宋朝左丞相兼枢密使王爚，他独具匠心地将每一座山峰的峰名写到诗句中。此十九座山峰的峰名自北往南依次为香炉、缆船、马鞍、新妇、棋盘、卓剑、覆钟、望海、笔架、旸岫、泗洲、磬、蒸饼、幞头、文殊、普贤、摆旗、狮子、鹅鼻等，鱼贯列队，形态各异，矗立于韩妃江与镜岭江汇合的三角区内。

十九峰吊桥

澄潭古镇

澄潭古镇因澄潭江而得名。那么,澄潭古镇是怎样形成的呢?

很古的时候,有一个退休的钱员外来到此地,刚好下了一场瓢泼大雨,无处避雨,正好碰到一个乡民,那乡民说这里一下雨江上就涨洪水,所以没有村庄。钱员外听了,记在心里,并观察了地形,认为这里土地肥沃,可建村庄。他于是着手建了两排茶楼民房,中间有一条街,并在街的一侧造了二层楼戏台,还有关帝庙、文昌阁、陈家祠堂、王家祠堂、石板路等,让老百姓免费入住、喝茶、看戏。这样一来,住进民房的移民渐多。但时间一长,坐吃山空,于是开田造地。经过几代人的努力,再加上这里土地肥沃、水资源丰富,人口日渐繁衍。改革开放后,经济建设、集镇建设同步进行,目前澄潭古镇已是新农村示范点了。

新穿岩洞

新穿岩洞

登穿岩最高峰“望海峰”必由“天梯”而上。“天梯”窄而陡,共由九十九步台阶组成。有人说:九十九级后再登一级就可以一步登天了。从“天梯”而下,可到“新穿岩洞”。新穿岩洞面积约240平方米,高3—4米,是自然形成的。里面有三尊塑像,分别为伏羲、炎帝、黄帝,这便是“三皇五帝”中的三皇。

老穿岩洞

老穿岩洞

既然有新穿岩洞，那么毋庸置疑，还有个“老穿岩洞”。“老穿岩洞”在南端的狮子峰一带，那里聚集了一些具有历史价值的人文景观。如大禹治水时神将聚合处的百郎殿及伴云庵，北宋年间方腊起义军屯兵处，明末宦官高起潜操练兵士的广场，以及高起潜墓和他手植的“明柏”一株等。

千丈幽谷

“千丈幽谷”，全长约 1.85 千米，包括铜墙铁壁、龙舌戏珠、龙门、龙宫、龙床、龙潭、龙珠等自然景观。

关于“千丈幽谷”，民间流传着一个非常美丽、凄婉的爱情故事。很久以前，这一带住着一户人家，这家女儿到了出嫁的年龄，其父母便为他选夫婿。父母为其准备嫁妆，并且请了一位年轻的裁缝师为她量身制衣。可在此期间，姑娘与裁缝一见钟情，就不满意之前父母包办的婚姻，于是两人商量好在姑娘成亲日的前一天夜里私奔。到了那天晚上，两人拿着事先准备好的撕成长带子的布条，准备从山上攀崖而下。而这事不知怎么给败露了，其家人和村子里的人挑灯追赶而至，而他们刚好爬到半山腰。气急败坏的姑娘父亲拿起手中的斧子将布绳砍断，两个人就双双跌下了山谷。此布条竟飘然而下，化作了一道清泉，这就是千丈幽谷。